織田信長の家臣

佐久間信盛、柴田勝家、丹羽長秀

小野之裕　著

上：太閤記　石山大合戦之図（和歌山市立博物館蔵）

下：錦絵　石山本願寺合戦（和歌山市立博物館蔵）

佐久間信盛像
長篠合戦図第５扇（部分）
（犬山城白帝文庫蔵）
下：佐久間家家紋

柴田勝家像『国史画帖大和桜』
（福井市立郷土歴史博物館蔵）
下：柴田家家紋

丹羽長秀像
（東京大学史料編纂所蔵）
下：丹羽家家紋

織田信長の家臣　佐久間信盛、柴田勝家、丹羽長秀

小野之裕

はじめに

尾張の戦国武将織田信長の家臣については、江戸中期に成立した随筆『翁草《おきなぐさ》』に「木綿藤吉、米五郎左、かかれ柴田にのき佐久間」という有名な小唄の一節が載っています。これは信長の重臣である木下藤吉郎秀吉（後の羽柴秀吉、豊臣秀吉）は木綿のように重宝な必需品、丹羽長秀（五郎左衛門尉）は米のようになくてはならぬもの、柴田勝家は戦場における突進力では随一、佐久間信盛は退却や殿《しんがり》ではうってつけであることを言い表しています。このように四人の家臣はそれぞれの役割を果たさなくてはならない存在であったことが伺われますが、いずれも出身地が尾張国で古参の家臣であるという共通点もみられます。このうち木下藤吉郎秀吉についてはすでに多くの出版物やテレビ番組などで取り上げられているので、本書ではあまり取り上げられることのない三人の家臣・佐久間信盛、柴田勝家、丹羽長秀が信長のもとでどのような働きをしたか、一方で信長からはどのように評価されていたかなどについて、その足跡を追いながら探ってみたいと思います。

ところで、三名の家臣の足跡をたどるにあたっては太田牛一著『信長公記』をもとに記述しましたが、『信長公記』からの引用であることを特に強調したい場合などを除いて本文の記載にあたってその資料名は記しておりません。一方『信長公記』に記されていない内容等については、それを補足するために小瀬甫庵著『信長記』（以下『（甫庵）信長記』と表記）、『武功夜話』『寛政重修諸家譜』などから引用していますが、その場合は都度資料名を記しています。もとより信長時代の資料のなかで信頼が高いとされるのは信長に仕えた太田牛一が著述した『信長公記』であり、『（甫庵）信長記』は小瀬甫庵が『信長公記』を元にしつつその他の逸話を加えて著述したもので、『信長公記』に比べると信憑性に劣ると言われています。また『武功夜話』について研究者のなかには偽書であると言う人がいるほか、資料的価値の点で問題点を指摘する人も多くいますが、他の資料にない史実も記されているため他の資料を補うものと評価する研究者もいます。さらに『寛政重修諸家譜』は江戸時代寛政年間に幕府が編集した大名や旗本の家譜集で、記述のなかに誤りが散見されるほか、資料の収集や叙述の段階で幕府によって選択がなされたため過去を偏りなくありのまま描いているとは言えないなどの評価があります。本文の記載にあたっては資料名を都度記しましたので、先述の特性などを十分考慮したうえで読んでいただければと思います。

織田信長の家臣　佐久間信盛、柴田勝家、丹羽長秀　目次

第一章　三家臣の出自など

本書では織田信長と三人の家臣（佐久間信盛、柴田勝家、丹羽長秀）の足跡を諸資料にもとづいて追いながら、家臣たちがどのような働きをしたか、一方信長は三家臣をどのように評価していたかなどについて探りたいと思っていますが、本章では三人の出自などについて見ることにします。

佐久間信盛は『寛政重修諸家譜』によると、天正十年（一五八二）に死去したときの年齢を五十五歳としているので一五二八年生まれになります。父親は同書によれば信晴としていますが、『系図纂要』では父親を正勝としており、定かではありません。佐久間一族は愛知郡御器所《ごきそ》（名古屋市昭和区）周辺の地を拠点としていましたが、信盛は『寛政重修諸家譜』に「尾張国山崎の城主となり」とあるように、愛知郡山崎（名古屋市南区）の地を拠点としていたようです。なお、通称は出羽介《でわのすけ》、右衛門尉《うえもんのじょう》。

柴田勝家は『柴田勝家公始末記』によると天正十一年（一五八三）に死去したときの年齢を六十二歳としているので一五二二年生まれとなります。ただし、『北畠物語』では享年を五十八、『続本朝通鑑』では享年を五十七としている（高柳光壽『戦史ドキュメント　賤ヶ岳の戦い』による）ほか、『大日本人名辞書』では享年を五十四としています。勝家の生誕地といわれる下社城《しもやしろじょう》の跡地にある明徳寺《みょうとくじ》（名古屋市名東区陸前町）境内の名古屋市教育委員会説明板でも享年五十四説に則り「一五三〇年に生まれる」としているなど、定かではありません。ただ、宣教師ルイス・フロイスは一五八四年一月二十日付書簡のなかで「彼（勝家）はすでに六十歳になるが……」（カッコ内は筆者補記）と記しているので、一五二二年生まれとするのが最も有力であるようです。また、出生地について『張州府志』では「上社《かみやしろ》村人」としていますが、先ほど紹介した明徳寺境内の説明板では「この地（下社城）で生まれた」（カッコ内は筆者補記）としています。柴田氏は勝家より以前から下社城を居城としていたようなので、下社城で誕生した可能性は高いものと思われます。なお『尾張群書系図部集』所収の系図では勝家の祖父は勝重（土佐守）、父は勝義（土佐守）としている一方、舟橋忠夫氏によると『柴

「柴田勝家公誕生地」の碑（名古屋市名東区陸前町）

田家系譜』では祖父は勝直、父は家直としているようなので、確かなことはわかりません。なお、通称は権六《ごんろく》、修理亮《しゅりのすけ》。

丹羽長秀は『寛政重修諸家譜』に「天文四年（一五三五）尾張国児玉（名古屋市西区）に生る。十九年より織田右府（信長）に近侍《きんじ》す」（カッコ内は筆者補記）と書かれており、十六歳のとき小姓《こしょう》（武将の身辺で雑用をつとめる者）として信長に仕えたようです。また、父親は『寛政重修諸家譜』『系図纂要』ともに長政としていますが、『寛政重修諸家譜』には長政について「代々斯波《しば》家につかへて功あり」と記しているので、尾張の守護である斯波家の家臣であったようですが、谷口克広氏は「家臣とはいっても、もともとは尾張の国人か土豪なのだろう」としています。なお、通称は五郎左衛門尉《ごろうさえもんのじょう》。

「丹羽長秀邸址」の碑（名古屋市西区児玉町）

三人の家臣の出自などを通してその地位や立場を比較すると、佐久間信盛は尾張（愛知県西部）東南部の御器所や山崎などに拠点をおく佐久間一族の一員ですが、その佐久間一族について菊地浩之氏は「佐久間一族は尾張でも有数の国人領主《こくじんりょうしゅ》（在地に独自勢力を有する豪族、領主層）」（カッコ内は筆者補記）で、「独自に家臣団を抱え、（略）織田家と遜色のない有力者の家柄だった」と述べています。また柴田勝家は下社城を居城とする柴田家の一族で、谷口克広氏は「（信長の父）信秀の生前に（信長の弟）信勝付きとされており、（略）彼は信秀の時代からそれなりの地位にいたはずである」（カッコ内は筆者補記）としたうえで、「おそらく土豪《どごう》（在地の小豪族、領主層で国人よりやや小規模な者をいう）クラスの家の出身なのだろう」（カッコ内は筆者補記）と記しています。それに対し、丹羽家は代々尾張の守護であった斯波家に仕えていたと伝わるものの丹羽長秀自身は信長の小姓として仕えたようなので、独自に一定規模の兵を動員する能力のある国人領主または土豪クラスの有力者であったと想定される佐久間信盛や柴田勝家とは歴然とした差異が認められます。

◇参考・引用文献
『新訂　寛政重修諸家譜　第九』『新訂　寛政重修諸家譜　第十一』（続群書類従完成会）

『系図纂要　第五』『系図纂要　第八』（名著出版）
福井市立郷土歴史博物館『研究紀要』第10号所収足立尚計「校訂『柴田勝家公始末記』」
『大日本人名辞書　第二巻』（大日本人名辞書刊行会）
松田毅一監訳『十六、七世紀イエズス会日本報告集　第Ⅲ期第6巻』（同朋舎出版）
名古屋史談会『張州府志』（愛知県郷土資料刊行会）
加藤國光編『尾張群書系図部集（上下）』（続群書類従完成会）
舟橋忠夫「尾張　柴田氏の二城」『城　155号』（東海古城研究会）
高柳光壽『戦史ドキュメント　賤ヶ岳の戦い』（学研M文庫）
菊地浩之『織田家臣団の謎』（角川選書）
谷口克広『信長軍の司令官』（中公新書）

◇佐久間信盛の居城　山崎城、柴田勝家の居城　下社城

山崎城（名古屋市南区呼続元町）は標高十メートル、比高四メートルの丘陵先端に築かれた丘城で、水陸交通の要衝の地点にありました。現在の安泰寺《あんたいじ》付近一帯が城跡ですが、城跡の南側には名鉄本線が通り尾根を分断しています。

佐久間一族は十五世紀から十六世紀にかけて名古屋市東南部に勢力をもった豪族でこのあたりの主要地点に城を構えましたが、御器所西城や山崎城もそうした佐久間氏の持城です。佐久間信盛は山崎城を居城としていましたが、『寛政重修諸家譜』によるとのちに近江（滋賀県）の永原城に移り住んだということです。

『張州府志』によると城は「東西三十八間、南北二十八間」の大きさと

山崎城址（現安泰寺）

していますが、『日本城郭大系』では東西約四十五メートル、南北約五十六メートルで、二重の堀によって囲まれていたとしています。また、城は丘の上に四角く土塁を巡らした館の形で南方が山門であったようで、東・北・西の三方は崖でさらに河川などの天然の堀にも囲まれているため要害の地にあったといえます。また、城に接して佐久間氏家臣の屋敷もあったようです。

下社城（名古屋市名東区陸前町）は河岸段丘上に築かれ、周囲を一重堀で囲まれた五十四メートル四方の方形式の城館で、城の大手は南にあり、城の東方と北方は堀切または空堀で防ぎ、西方は湿田でその外側には河川が流れて城の総外濠

下社城址（現明徳寺）

の役目を果たしていたようです。

現在は明徳寺《みょうとくじ》の境内になっており、階段を上がった寺の山門左手前に「柴田勝家公誕生地」の石碑が、山門右手前に「下社城址」の標柱が建てられています。

城が築かれた年代は定かではありませんが、舟橋忠夫氏は「築城者は勝家の祖父と思われるが、柴田系譜によれば勝家の祖父、石見守勝直が初めて尾張にやってきたことが見えるので勝直に間違いなかろう」としています。なお、この城は勝家が天正三年（一五七五）に北庄《きたのしょう》城主に命ぜられた以降に廃城になったようです。

◇参考・引用文献

名古屋史談会『張州府志』（愛知県郷土資料刊行会）

『日本城郭大系９　静岡・愛知・岐阜』（新人物往来社）

名古屋市教育委員会『名古屋の史跡と文化財』

『新訂　寛政重修諸家譜　第九』（続群書類従完成会）

三渡俊一郎「名古屋市南区古城址（二）」『城　43号』（東海古城研究会）

立松政敏「山崎城」『城　１００号』（東海古城研究会）
舟橋忠夫「名古屋の古城（七）下社城」『城　１０１号』（東海古城研究会）
舟橋忠夫「尾張　柴田氏の二城」『城　１５５号』（東海古城研究会）

第二章　信長と三家臣の足跡

この章では『信長公記』に書かれた織田信長に関わる戦いなどの記述のうち、佐久間信盛、柴田勝家、丹羽長秀の少なくともいずれかが出てくる記述についてのみ年代順に取り上げ、『(甫庵)信長記』『武功夜話』『寛政重修諸家譜』その他の資料の記述で内容を補足しています。したがって、『信長公記』に三人の家臣のいずれもが出てこない戦いなどの記述については取り上げていませんが、『信長公記』には三人の家臣の名が出ていなくてもその他の資料に出てくる場合は例外としてその記述内容を取り上げています。

(一) 尾張統一まで

三人の家臣のうち『信長公記』の記述のなかに最初に出てくるのは柴田勝家で、それは織田信長の父・信秀が死去した後の法要が行われたときの場面です。それによると、法要では信長側の席に林秀貞、平手政秀といった家老たちが臨席した一方、弟・信勝(信行)側の席には柴田権六、佐久間大学、佐久間次右衛門などの面々が供をしていたとあり、さらに信長は信秀の居城であった末森城(末盛城、名古屋市千種区城山町)を城付きの家老である柴田権六、佐久間大学以下の重臣を付けて信勝に譲ったと記載しています(なお『現代語訳信長公記』では佐久間次右衛門を佐久間信盛としていますが、次右衛門は信盛とは別人物であると思われます)。

これらの記述によると、勝家は信秀の生前から信勝付きの家臣として仕えていましたが、信秀の死後も勝家ら末森城付き家臣はそのまま信勝に付けられたようです。さて、この記事のなかで柴田権六は勝家のことですが、佐久間大学は『寛政重修諸家譜』に「大学介盛重父に継て織田信秀及び右府(信長)につかへ、弘治元年五月鷲津丸根両城を守り、今川義元の兵とたゝかひて討死す」とあるように盛重(信盛との続柄は不詳)のことで、佐久間次右衛門は系図にもあらわれないため誰をさすのかよくわかりません。

その後、柴田勝家は守護代・清須織田家との戦いに関する記事にも登場しますが、こうした戦いを経て信長は守護代・清須織田家を滅ぼし、清須城(清州城、愛知県清須市朝日城屋敷)に入城します。

佐久間信盛が『信長公記』に最初に出てくるのは、ある事件の記事のなかにおいてです。それは天文《てんぶん》二十四年(一五五五)守山城(名古屋市守山区市場)の城主であった信長の叔父にあたる信次《のぶつぐ》の家臣が、信長の弟・秀孝を誤って射殺してしまったため、信長や弟・信勝(信行)の報復を恐れた信次が城から逃げ去ってしまったという事件です。このとき信盛が信長の異母弟である信時には才覚があると進言したところ、信長もこれを承知し城主にすえました。なお、信盛はこのときの忠節によって信時から知行百石を与えられたということです。

ところで、先に見たとおり信秀の法要が行われたとき佐久間大学（盛重）や佐久間次右衛門といった佐久間一族は信勝側の家臣であったことが記されていますので、おそらく信盛もその時点では信勝側の家臣であったと推測されますが、この記事によれば事件当時信盛は信長に進言するような関係であったことがわかるので、すでにこの時点において何らかの事情により信長側に転じていたのかもしれません。

ちょうどその頃、信長の一番家老である林秀貞、その弟・林通具《みちとも》（美作守）および柴田勝家が信勝（信行）を擁立しようと申し合わせ、信長に逆心を抱いているという風説が聞こえてきましたが、そうしたなかで信勝が信長直轄領を力ずくで奪い取ったため、信秀死後の信長・信勝による家督相続争いが深刻化しました。これに対し信長は、弘治二年（一五五六）名塚《なづか》（名古屋市西区名塚町）に砦をつくるように命じた後、佐久間大学（盛重）を入れました。やがて信勝側は勝家が兵千人ほど、林通具が兵七百人ほどを率いて攻めてきましたが、一方の信長方の軍勢は七百人足らずでした。当初は勝家勢が優勢で、その後双方から掛り合って激しく戦っているときに信長が大声をあげて怒ると、もともと勝家勢も身内の者たちであったためその威光に恐れて逃げ崩れてしまい、その余勢で信長は林通具の首をとって勝利を収めたのですが、この信長方と信勝方とによって行われた戦いが「稲生《いのう》の戦い」です。

その後信長の母は使者を通して信長に詫び言を伝えたので信長は信勝側の者たちを赦すことにしましたが、信勝、勝家らは墨染の衣を着て母と一緒に信長居城の清須城に行き礼を述べたということです。これまでの記述でわかる通り、信勝側の家老であった佐久間大学（盛重）は「稲生の戦い」では信長側に付いていますし、『信長公記』には書かれていませんが『佐久間軍記』には信長方の武将のなかに佐久間信盛の名を見ることができるので、佐久間一族は遅くとも「稲生の戦い」までには揃って信勝側から信長側に転じたものと思われます。一方、柴田勝家は「稲生の戦い」においてすでに信勝側の一軍を率いるほど重要な役割を果たしていたことが注目されます。

しかしながら信秀死後の兄弟間の家督相続争いはこれで決着がついたわけではなく、信勝（信行）は再度謀反を企てようとしました。さらに、信勝

名塚砦跡（現白山神社）

は柴田勝家とは別の家臣を重用しこの家臣が勝家をないがしろに扱ったため、勝家は信勝が謀反を企てていることを信長に告げ、ついに信勝は信長によって殺害されました。勝家は信勝などから冷遇されたからだけではなく、「稲生の戦い」を通して信長の力量を認める一方、敗戦後信長に忠実に従うことを誓ったにもかかわらず再度謀反を企てた信勝を見限ることが正しい選択であると判断して信長側に付いたものと思われます。なお『武家事紀』によると勝家は弘治三年（一五五七）に信長の家臣になったということですが、『信長公記』には、この時の忠節によって信長は後に越前という大国を勝家に与えた、と書かれています。

「稲生の戦い」が終わっても信長は尾張（愛知県西部）統一をまだ果たせていませんでしたが、そうしたなかで尾張東部に位置し織田方の城であった鳴海城（名古屋市緑区鳴海町）の城主が駿河（静岡県中部・北東部）の今川義元に内応したことにより鳴海城および大高城（名古屋市緑区大高町）は今川方の橋頭堡《きょうとうほ》になってしまいました。これに対し信長は両城に対する付城（攻撃の拠点として敵城の近くに築いた城）として五つの砦を設けました。このうち、丸根砦（名古屋市緑区大高町）には佐久間大学（盛重）を、善照寺砦（名古屋市緑区鳴海町）には佐久間信盛と弟・信直（信辰《のぶとき》、左京亮）を配置しました。こうした措置により兵糧の確保が困難になった

「桶狭間の戦い」直前の状況図（名古屋市博物館『城からのぞむ尾張の戦国時代』より）

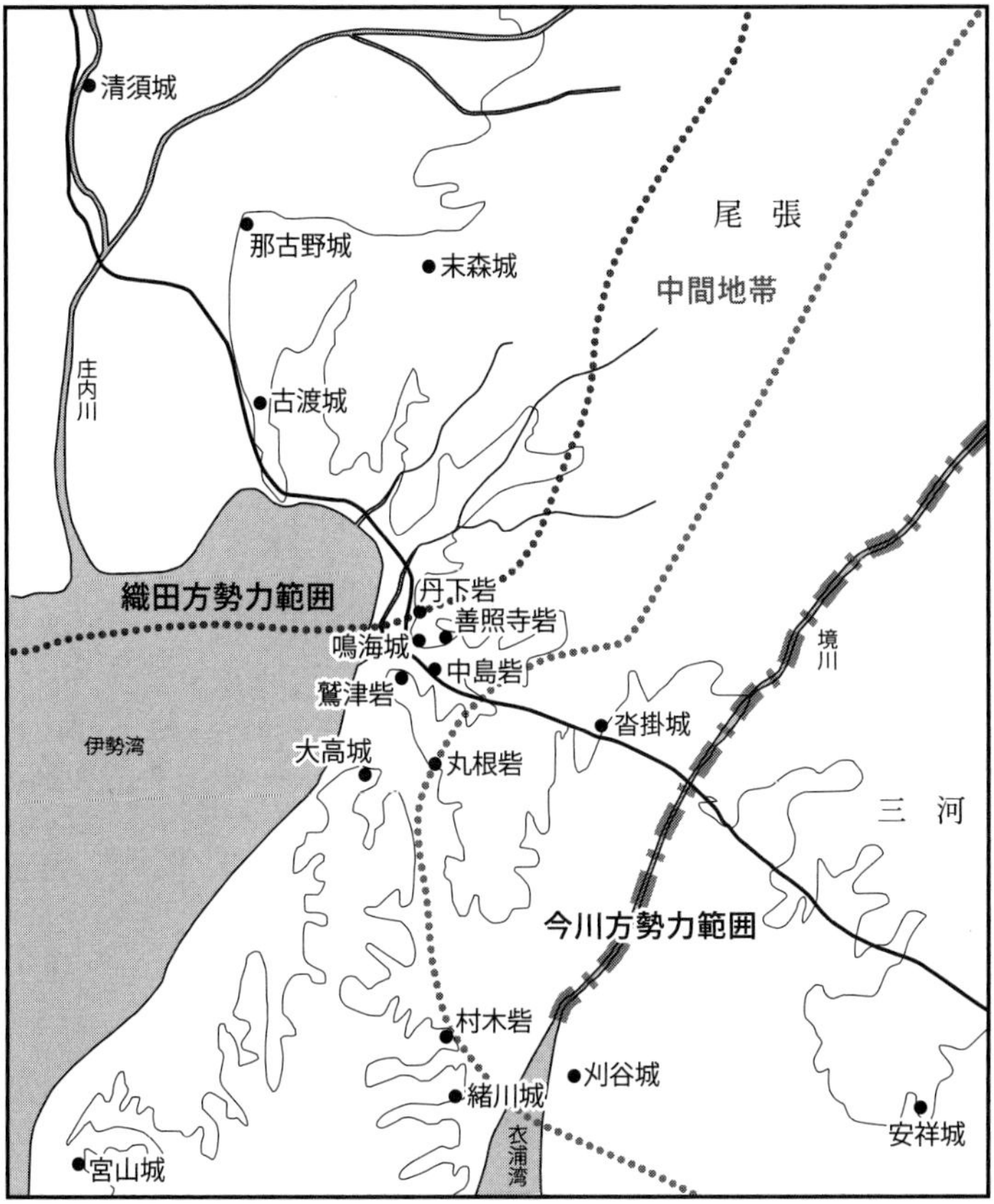

大高城に兵糧を届けることを第一の目的として、義元は永禄三年（一五六〇）尾張に進軍しましたが、これを信長が桶狭間《おけはざま》の地（名古屋市緑区桶狭間北、豊明市栄町周辺）で討ち取ったのが「桶狭間の戦い」です。ここで注目されるのは、佐久間一族が五つの砦のうち二つの砦を任されるほど信頼されていたことです。特にこの時点では佐久間大学が最も信頼されていた家臣のひとりでしたが、大学は「桶狭間の戦い」で戦死してしまったため、戦後は大学にかわって信盛が佐久間一族の実質的な惣領になったようです。これに対し柴田勝家は『信長公記』の「桶狭間の戦い」の記述のなかには名前が出てきませんが、『（甫庵）信長記』には「かくて信長卿は中島（砦）へ移らせ給はんとし給ふに、林佐渡守（秀貞）、池田勝三郎、毛利新介、柴田権六（勝家）御轡《くつわ》に取付き、あの機を得たる大勢に此の小勢にて懸らせ給はんは勿体なし（「不都合である」の意味）と、声々に留めければ……」（カッコ内は筆者補記）と記しており、善照寺砦から中島砦（名古屋市緑区鳴海町）に移動しようとした信長を諫めた家臣のひとりとして名前が出ています。いずれにせよ、この戦いでは砦の守備を任された信盛の方が勝家よりも圧倒的に信頼、重用されていたようで、これは「稲生の戦い」以前に信勝側から信長側に転じていた信盛に対し、勝家は「稲生の戦い」では信勝側の家臣として信長と敵対し、その後ようやく再度謀反を企てた信勝を見限り信長側に付いたという経緯が影響しているように思われます。

丸根砦跡（名古屋市緑区大高町）

善照寺砦跡（名古屋市緑区鳴海町）

(二) 美濃への進出まで

「桶狭間の戦い」に勝利した織田信長は、三河(愛知県東部)の松平元康(後の徳川家康)と同盟を結んで東方からの憂いを断つと、美濃(岐阜県南部)方面への攻略を進めていきます。父・斎藤道三《どうさん》を討って美濃を支配していた斎藤義龍《よしたつ》が永禄四年(一五六一)に急死したため、こうした混乱の機を狙って行われたのが「森部《もりべ》の戦い」「十四条・軽海《かるみ》の戦い」です。これらの戦いについて『信長公記』のなかに佐久間信盛ら三人の家臣の名前は出てきませんが、『(甫庵)信長記』には「森部の戦い」の記述中に柴田勝家の名が、「十四条・軽海の戦い」の記述中に佐久間信盛、柴田勝家の名が出てきます。特に「十四条・軽海の戦い」の記事には、「池田(恒興)は佐々(成政)に稲葉が首取れといひければ、唯御辺《ごへん》取れと云ひて互に譲って取らざるを、柴田権六いやいや、此の大将が頸《くび》取らずば味方の弱みにこそとて走り懸って討落し、御前に参じて是は稲葉又右衛門と申して(斎藤)竜興が武将大将にて候を、佐々池田二人して撞伏《つきふ》せ互いに辞して首を取らざる間、某《それがし》取って参り候と有りの儘《まま》に申上げしに……」(カッコ内は筆者補記)というエピソードまで詳しく記載されています。菊地浩之氏は「甫庵『信長記』は『信長公記』を目にした小瀬甫庵が独自の視点で書き足したものの、誤謬《ごびゅう》が少なくないといわれている。しかし、軽海合戦については独自のニュースソースがあったとみえ、おおむね信用してもよいように思われる」と述べており、これが事実に即したものであれば、こうした経緯を経て勝家は信長に次第に信頼されるようになったのかもしれません。

永禄六年（一五六三）、信長は東美濃攻略の拠点とするため小牧山城（愛知県小牧市堀の内）を築城し、それまで居城としていた清須城から移りましたが、『武功夜話《ぶこうやわ》』によると築城の奉行になったのは丹羽長秀であったようです。これまで『信長公記』などの資料にほとんど登場することのなかった丹羽長秀ですが、「森部の戦い」から「稲葉山城攻略戦」までの約七年にわたる美濃攻めにおいて木下秀吉（のちの羽柴秀吉、豊臣秀吉）とともに活躍したのが丹羽長秀で、彼らはこうした戦いを通して織田軍の武将として育っていきました。まず長秀は小口城《おぐちじょう》（愛知県丹羽郡大口町小口）および黒田城（愛知県一宮市木曽川町黒田）の城主を調略した後、犬山城（愛知県犬山市犬山北古券）を攻略しましたが、『信長公記』には、長秀はこの二人の城主の手引きで犬山に攻め込んで城をはだか城にし、四方から鹿垣《ししがき》を二重三重に結い巡らして城を包囲した、と記しています。永禄八年（一五六五）には加治田城《かじたじょう》（岐阜県加茂郡富加町加治田）城主の内応を仲介したうえで、猿啄城《さるばみじょう》（岐阜県加茂郡坂祝町勝山）、堂洞城《どうほらじょう》（岐阜県加茂郡富加町夕田）の攻城でも活躍しましたが、『信長公記』の猿啄城攻城戦に関する記事では、大ぼて山に長秀が先駆けで攻め上り、兵を上らせて城の給水源を占領したため、城はたちまち破綻《はたん》し城兵は降参して退去した、と記しています。こうした一連の活躍により丹羽長秀は織田軍団における地位を上昇させ、佐久間信盛や柴田勝家らとともに有力武将のひとりに数えられるようになりました。

永禄十年（一五六七）、「美濃三人衆」と呼ばれる斎藤家の重臣を味方につけることに成功した信長は稲葉山城を包囲しました。『信長公記』の「稲葉山城攻略戦」に関する記事には佐久間信盛ら三人の家臣の名前は出てきませんが、『武功夜話』には「尾張五千有余の軍勢が小越《おこし》を渡り、河野島《かわのしま》への先手は柴田権六（勝家）、丹羽五郎左衛門（長秀）は瑞竜寺《ずいりようじ》山《さん》から七曲口へ攻め入り、御大将信長公は河野島から長森口へとご活躍であった」と記しています。このようにして信長は斎藤義龍の子・龍興《たつおき》を降参させて美濃進出を果たし、稲葉山城を岐阜城（岐阜市金華山天守閣）と改め、小牧山城からここに居城を移しました。

（三）安土城築城開始まで

永禄十一年（一五六八）、信長は足利義昭を擁して上洛の軍を起こしました。上洛決意の前段階で信長は上洛すべきかどうかを家臣たちに問いましたが、そのときの様子について『（甫庵）信長記』には「皆深く思慮を廻らして申さるべしと仰せければ、各左右に相譲って申出す人なし。重ねて疾々《とくとく》と仰せければ、信盛進み出で申しけるは、今度の御企、至善《しぜん》の極と存ずるなり」と述べたのに対し信長は「信盛が諫言《かんげん》大に感じ給ひて、国土安全の寿《ことぶき》を始めんと宣《のたま》ひて、色々の美酒佳肴《かこう》数を尽し、上下舞うたひ、夜半にこそ及びけれ」と記しています。概訳すると、信長が上洛すべきかどうかを家臣たちに問いかけたところ家臣たちは黙って一言も発しなかったが、重ねて信長が求めると信盛が進み出て、今度の上洛の計画はこの上もなく良いことであると述べると、信長も信盛の意見に大いに感じ入り「国土安全の寿を始めよう」と宣言して、美酒と美味しい肴を尽くして身分の上下なく舞って歌い宴は夜半に及んだ、ということです。こうした逸話からは、信盛は信長に対しても自分の意見をはっきりと言える立場にあり、信長も信盛の意見に耳を傾けることがあったことが伺えます。

信長は近江（滋賀県）の六角義賢《よしかた》（承禎《じょうてい》）に対して義昭の上洛に協力するように要請した

ものの聞き入れられなかったため、近江に侵攻し佐久間信盛、丹羽長秀、木下秀吉ら四人の武将に命じて蓑作城《みつくりじょう》（滋賀県東近江市五個荘山本町）を攻撃、陥落させたほか、観音寺城（滋賀県近江八幡市安土町）も攻撃しました。『信長公記』には観音寺城を攻撃した武将名は記されていませんが、『武功夜話』には佐久間信盛の名が記されています。こうして信長は義昭とともに京都に入りましたが、その後柴田勝家ら四人の武将に先陣を命じ義昭の敵対勢力である三好三人衆の一人が籠る勝竜寺城（京都府長岡京市勝竜寺）を攻撃させました。『信長公記』にはこの攻撃について、四人の部将は協力して突撃し、敵の首五十余りを討ち取り、東福寺へ送って信長の実検に供した、と記しています。谷口克広氏によると、この後義昭を将軍の位につかせ、畿内のほとんどを平定した信長は、佐久間信盛、柴田勝家、丹羽長秀、木下秀吉らを京都・畿内の行政にも携わらせたということです。

永禄十二年（一五六九）、信長は伊勢（三重県北中部、愛知県、岐阜県の一部）の国司・北畠具教《とものり》、具房《ともふさ》父子を攻撃するために大河内城《おかわちじょう》（三重県松阪市大河内町）を取り囲みましたが、城の南側には丹羽長秀、滝川一益《たきがわかずます》らが、西側には佐久間信盛、木下秀吉らが、東側には柴田勝家らが配置されました。当初長秀の攻め口では屈強の武士二十余人が討ち死にするなど苦戦しましたが、陣を据えて兵糧《ひょうろう》攻めしたところ北畠父子が信長の二男・信雄《のぶかつ》に家督を譲るという条件で和睦し、開城することになりました。

永禄十三年（一五七〇）一月、信長は五か条の条書により将軍義昭の行動を牽制すると共に畿内近国の諸大名に対して上洛を要請しましたが、越前（福井県北部）の朝倉義景がこれを無視したため、元亀《げんき》元年（一五七〇）四月、朝倉氏を攻める目的で出陣し手筒山城（福井県敦賀市金ヶ崎町）、金ヶ崎城（福井県敦賀市金ヶ崎町）を次々に落としました。ところが、ここで信長の義弟で近江（滋賀県）の浅井長政《あざいながまさ》が古くから朝倉家との関係が深かったこともあり信長を裏切ったため、状況は一変して信長軍は窮地に陥り急遽撤退することになりましたが、この危機は何とか最小限の犠牲で切り抜けました。この戦いに関する『信長公記』の記事で三人の家臣名は、信長が撤退する時に若狭（福井県南西部）に丹羽長秀を派遣したことだけが出てきますが、『(甫庵)信長記』には手筒山城攻撃の記事に柴田勝家の名が見られます。なお、『佐久間軍記』にはこのとき佐久間信盛は都を守護したと記されているので、越前攻めには参加しなかったようです。この後一度は追いやった六角義賢（承禎）父子がこれに呼応して琵琶湖近くまで進出してきたため、信長は諸将を近江の要衝に置くことを決め、永原城（滋賀県野洲市永原）には佐久間信盛を、長光寺城（滋賀県近江八幡市長光寺町）には柴田勝家を、宇佐山城（滋賀県大津市南滋賀町）には森可成《よしなり》を、安土城（滋賀県近江八幡市安土町）には中川重政を、それぞれ配置しました。なお『寛政重修諸家譜』によると、信盛はこれを契機に尾張の山崎城から永原城に移り住んだということです。

その後六角氏は城を奪還するため長光寺城を攻めましたが、そのときの出来事が『武家事紀』や『名将言行録』に「瓶割り柴田」のエピソードとして書かれています。（コラム1『名将言行録』にみる柴田勝家　参照）これを要約すると、六角義賢は柴田勝家が守る長光寺城の水源を断ったうえで使者をおくり城中の様子を探らせたところ、使者は水が十分にあるところを見せられたためその旨を報告しました。一方使者が帰った後勝家は残り少ない水を瓶に集めさせ将兵に飲ませると、瓶を割り砕きもう水はこれしかないので打って出るしかないことを伝え、決死の覚悟で六角勢に立ち向かったところ相手方を敗走させるに至りました。こうして勝家は「瓶割り柴田」と呼ばれるようになったということですが、これは創作話ではないかという見解もあります。最終的には佐久間信盛と柴田勝家が連携し、「落《おち》窪《くぼ》の合戦（「野洲河原《やすがわら》の戦い」ともいう）」で六角氏を討ち破りましたが、こうした活躍を信長も認め『(甫庵) 信長記』には「佐久間柴田事、かやうの働き珍らしからずと云ふ共、予が下知にも及ばずして、斯かる働きは大切なりとて、三万貫宛《づつ》加増の地をぞ行はれける」と記されています。ただ「三万貫宛加増」の記述について、『佐久間軍記』では「領三万石宛加領」と記されています。

同年六月、信長は離反した浅井長政の居城である小谷城《おだにじょう》（滋賀県長浜市湖北町）を攻めるために出陣しましたが、その際佐久間信盛、柴田勝家、丹羽長秀、木下秀吉らに命じて近隣の村々を焼き払わせました。なお、小谷城攻めにあたっての信長と佐久間信盛とのやりとりについて、『（甫庵）信長記』では「信長卿諸軍勢を引具《ひきぐ》し虎御前山《とらごぜやま》へ上り給ひて小谷を攻めん事いかゞあるべきと人々の異見を乞ひ玉ふ処に、佐久間右衛門尉信盛進み出でゝ申しけるは、攻落し申さん事はたやすかるべく候。但し人数三分一は損じ候はんか。天下の御大事を抱へさせ給ひて、かほどの所に人数を費し玉はん事いかゞ候べきやらんと申しければ、信長卿最もと思召《おぼしめ》し、さらば先ず引取らんと仰せける」と記しています。概訳すると、信長は小谷城を攻めるにあたり家臣の意見を聞いたところ信盛が進み出て、小谷城を攻め落とすことは簡単であるが味方の人数の三分の一は損じるでしょう。天下の大事を控えてこれほどの所に人数を費やすことはいかがなことでしょうと述べると、信長ももっともであるのでいったん退却することにしようと言った、ということです。

信長が小谷城を落とすには損害が多大になると見ていったん退却した後、浅井方の城を包囲したところへ徳川家康が率いる援軍が到着して陣を構えました。これに対し浅井長政も越前の朝倉義景に援軍をもとめたため、朝倉はそれに応じて出陣し、こうして姉川を挟んで朝倉・浅井軍と織田・徳川軍が衝突し「姉川の戦い」となりました。『信長公記』の「姉川の戦い」の記述のなかには佐久間信盛ら三人の家臣の名は出てきませんが、小谷城近隣の村々焼き払いに三人の家臣が加わっているので「姉川の戦い」にも参陣したものと推測されます。これを裏付けるように、『佐久間軍記』には「此時、勝家、信盛は御旗本の左右に陣す」と記されているほか、『武功夜話』にも「姉川の戦い」の記述中に柴田勝家の名が見られ、また信長が細川藤孝に宛てた書状追而書《おってがき》（二四二）細川藤孝宛書状案）には徳川家康隊に丹羽長秀らを付けたことが書かれています。「姉川の戦い」に勝利した信長は、横山城（滋賀県長浜市堀部町、石田町）に木下秀吉を配置するとともに、佐和山城（滋賀県彦根市古沢町）を丹羽長秀らに包囲させました。

ところが、同年八月になると四国の三好三人衆らが摂津（大阪府北部、兵庫県南東部）に上陸して立て籠もったため信長が攻撃すると、今度は以前から信長に難題をもちかけられていたことに反発した大坂本願寺（石山本願寺）勢力が三好三人衆に味方して信長陣営を攻撃してきました。さらにこれら勢力に連携する形で朝倉・浅井軍が再び攻撃に転じましたが、信長勢は何とかもちこたえ反撃したため、朝倉・浅井軍は比叡山に陣をとりました。そこで信長は佐久間信盛、柴田勝家、明智光秀らに比叡山麓を包囲させましたが、このとき丹羽長秀は包囲していた佐和山城付近から、木下秀吉は横山城から駆け付けたということです。この後将軍義昭が和睦調停案を提示したため和睦が成立し、朝倉・浅井軍は比叡山を下り退去しました。

元亀二年（一五七一）二月、丹羽長秀が包囲していた浅井方の佐和山城を守将・磯野《いその》員昌《かずまさ》が明け渡したため、信長は長秀を城代として入れました。『（甫庵）信長記』には「佐和山の城には近辺五万貫の所領を差添へて丹羽五郎左衛門尉長秀を居《す》ゑ置かる」と記していますが、谷口克広氏は『甫庵』には近辺五万貫の所領を与えられたとあるが、近辺の領有は当然としても五万貫は多すぎよう」としています。なお『寛政重修諸家譜』には「右府（信長）長秀が功を賞して佐和山五萬石の地をたまひ、彼城に住す」（カッコ内は筆者補記）と記しています。

同年五月、大坂本願寺に呼応して挙兵した伊勢北部の長島一向一揆に対し、信長は佐久間信盛、柴田勝家らに命じて攻撃させました。これは弟・信興《のぶおき》（信与《のぶとも》）が前年に長島一向一揆勢により討ち死にさせられたため、その報復のための戦いでもありました。『信長公記』には、大田口で村々に火を放って退去しようとしたとき、一揆勢は退去する先々に弓・鉄砲の射手を配置して待ち構え、勝家が最後尾で退去しつつあったときどっと攻め掛かり、勝家は軽い手傷を受けて撤退した、と記しています。一方『(甫庵) 信長記』には「勝家が馬験《うまじるし》の御幣《ごへい》を一揆の奴原《やつばら》奪ひ取り時を噇とぞ作りける。あはやと見る処に勝家が小姓水野次右衛門尉と云ひし者、未だ十六歳にありけるが、面もふらず敵の中へつと懸入り、御幣を取返して勝家にこそ捧げゝれ。(略) 柴田下知して馳廻りけるを、一揆の奴原是を大将とや思ひけん、一人を目にかけて射ける程に、ふと股を裏かく計り射抜いたる。やうやうにして廿町計り引取ってければ、伊賀伊賀守(安藤守就《あんどうもりなり》)殿《しっぱら》ひこそ請取り候へ、柴田殿は痛手を蒙られたり」(カッコ内は筆者補記) と記され、勝家が馬印の御幣を一揆勢に奪われたところ勝家の小姓《こしょう》が敵中深くに入り奪い返したこと、勝家が下知しているところを見て大将と思われて太股を射抜かれ、ようやく引き取ることができたが痛手を蒙ったこと、などがわかります。

同年八月、信長は北近江に出馬し、浅井長政の居城・小谷城近辺のあたり一帯を焼き討ちさせたうえで撤収しましたが、『信長公記』にはこれに関わった武将名は記されていません。一方『(甫庵) 信長記』によると、これには柴田勝家が関わったことが記され、そのときの様子について「小谷の城に浅井備前守(長政)が勢一万余騎、山本山要害に阿《あ》閉淡路守《つじあわじのかみ》（貞征《さだゆき》）三千余騎にて楯籠《たてこも》りたる二箇所の間を、柴田修理亮勝家を先として、続く其の勢五万余騎、御旗本をば後陣として、余呉木本《よごきのもと》辺の谷々在々、一字も残らず放火して翌日引退き玉ふ。殿《しっぱら》ひ大事なりとて、柴田にぞ相定められける。（略）惣じて今度に限らず大事の殿ひをば、此の柴田にぞ仰付けられけるに、毎度利を得る事のみにして、失ふ事は無かりけり」（カッコ内は筆者補記）と記しています。この記事によると柴田勝家は勇猛に突進して攻めるだけではなく、退却するときも殿《しんがり》を卒なく務めていたことがわかりますが、『武家事紀』にも「勝家は武勇絶倫にして、信長軍旅を率するごとに必ず先軍をつとめ、城を攻め邑を破る。信長兵をかえすとき、その退口大節ならんには、勝家また後殿を承る」と記しており、同様な見方をされていたことがわかります。

同年九月、信長は佐久間信盛、柴田勝家、丹羽長秀ら四人に命じ、近江の一向一揆勢が立て籠る新村城（志村城ともいう。滋賀県東近江市新宮町）を攻めさせましたが、『信長公記』には四方から攻め寄せ城内に突入して首数六百七十を討ち取った、と記しています。

同じく同年九月、信長は比叡山を焼き討ちしましたが、その理由について『信長公記』は次のように記しています。前年朝倉・浅井軍が比叡山に陣を構えたとき、信長は比叡山側に対して自分に味方するか少なくとも中立を保つように言い置き、もしこれに違背したら山全体を焼き払うであろうと警告しました。しかしながら比叡山の僧侶は日常の行動でも仏道の修行でも出家の道をはずれ、朝倉・浅井方に加担し勝手気ままな振る舞いをしたからであるということです。ところで、信長が比叡山焼き討ちをしようとしたときの家臣とのやりとりについて、『(甫庵)信長記』には「(佐久間)信盛、武井肥後入道(夕庵《せきあん》)両人進み出で申しけるは、(略)今世澆季《ぎょうき》とは申しながら、斯かる不思議を承り候事、前代未聞の儀にて御座候《ござそうろう》と、強て諫め申す処に、信長卿諫を防ぐにはあらず心を閑《しず》めて承り候へ。此の寺吾亡すにはあらず。自業得果《とっか》の儀あり」(カッコ内は筆者補記)と記しています。概訳すると、信盛らが今は末世とは言え焼き討ちという不思議な仰せをお聞きするとは前代未聞の儀ですと諫めたのに対し、信長は二人の意見を心静かに聞いた後、この寺を自分が滅ぼすのではなく自業自得であると述べた、ということです。ただ谷口克広氏によると、この頃信盛は摂津にいたものと思われるのでこれは訛伝《かでん》であろうと述べています。そしてこの後比叡山焼き討ちは実行され山全体がことごとく灰燼《かいじん》の地と化すとともに、延暦寺《えんりやくじ》と日吉《ひえ》神社は滅亡し、各所に散っていた寺領、社領はことごとく没収されましたが、信盛は信長から六角氏家臣の旧領と比叡山および日吉神社の領地を宛行われ、栗太《くりた》郡、野洲《やす》郡の支配を委ねられたということです。

元亀三年（一五七二）四月、それまで信長側に付いて三好三人衆など反信長勢力と戦っていた三好義継が謀反を企て、松永久秀父子と共謀して攻撃を開始したため、信長は佐久間信盛、柴田勝家らに命じて敵方の砦を包囲しましたが、敵方は風雨に紛れて脱出し三好義継は若江城（大阪府東大阪市若江南町）に、松永久秀は信貴山城《しんぎさんじょう》（奈良県生駒郡平群町）にそれぞれ立て籠もりました。

同年七月、信長・信忠父子は北近江に出陣し、浅井長政の居城である小谷城に向かって進撃し、佐久間信盛、柴田勝家、丹羽長秀、木下秀吉らに命じて近隣の町を破壊させた後小谷城を攻略するための付城を築城しました。

同年十一月、甲斐《かい》（山梨県）の武田信玄は朝倉・浅井軍と連携する形で出陣し、遠江《とおとうみ》（静岡県西部）まで進出しました。信玄は浜松城（浜松市中区元城町）を素通りし西方に向かったのに対し、浜松城にいた徳川家康はそれを見過ごさずに出陣し両者が戦ったのが「三方ヶ原《みかたがはら》の戦い」です。この戦いでは同盟関係にある家康からの援軍要請に応えて信長は佐久間信盛、平手汎秀《ひらてひろひで》らを派遣しましたが、徳川軍はこの戦いに惨敗し、援軍として派遣した平手汎秀も討死した一方で佐久間信盛隊はほとんど無傷のうちに帰陣したため、これも後年信盛が信長から追放される一因になりました。戦いに勝利した武田信玄はさらに西へと進軍しましたが、その途上で病気が重くなり死去しました。

上洛後の当初は良好であった将軍・足利義昭と信長の関係は次第に悪化していましたが、同年九月、信長が義昭に十七か条の意見書を提出したことにより一層亀裂が深まりました。義昭は武田信玄が遠江に進出したことを知り、元亀四年（一五七三）二月、信長打倒のために近江の今堅田城《いまかたたじょう》（滋賀県大津市今堅田町）に軍勢を進め、石山砦（滋賀県大津市石山寺）を築き始めました。そこで信長は柴田勝家、丹羽長秀、明智光秀ら四人の武将に撃退を命じ、勝家が石山砦を攻撃すると敵方が砦から退去したためこれを破壊、一方長秀、光秀らも今堅田城へ攻め掛かり鎮圧しました。さらに信長が京都・二条の将軍御所を包囲し上京《かみぎょう》の町を焼き払うと、義昭との間で和睦が成立しました。なお、宣教師ルイス・フロイスは京都市内の焼き払いについて「信長が（都に）到着してから四日後のこと、七名の武将と七、八千の兵を遣わして都の周囲二里、三里、四里にあるすべての町村を破壊し焼き払わせた。それらの武将は総司令官の柴田殿（勝家）、坂本城主の明智（光秀）、勝龍寺城主の細川兵部大輔（藤孝）、茨木城主の荒木信濃（村重）、蜂屋（頼隆）、中川（重政）および佐久間（信盛）であり……」（カッコ内は筆者補記、一五七三年五月二十七日付書簡）と記しており、このとき柴田勝家が総司令官を務めたことがわかります。

同年四月、信長は六角義賢（承禎）の子・義治が立て籠もる鯰江城（滋賀県東近江市鯰江町）を佐久間信盛、柴田勝家、丹羽長秀らに命じて包囲させるとともに、鯰江城や一揆勢を支援していた百済寺《ひゃくさいじ》（滋賀県東近江市百済寺町）を焼き討ちしました。さらに信長は将軍義昭が再び敵対するのに備えて琵琶湖を大軍で渡れるようにするための大船を建造しましたが、『(甫庵) 信長記』によると丹羽長秀に大船十余艘を作るように命じたということです。

同年七月、信長が想定した通り将軍義昭は再び信長に敵対して兵を挙げ槙島城（京都府宇治市槙島町）で陣を構えると、信長は建造した大船で琵琶湖を渡った後槙島城をめざして進撃し、佐久間信盛、柴田勝家、丹羽長秀、羽柴秀吉、明智光秀らは川下から宇治川を渡り城から出撃してきた足軽を追い立て、佐久間らの二部隊だけでも敵の首五十余りを討ち取った、ということです。このような信長軍総力をあげた軍勢に攻められて将軍義昭はあっけなく降伏し京都から追放されました。

天正元年（一五七三）八月、信長は朝倉・浅井攻めにとりかかり、浅井長政の居城・小谷城から越前への道を遮断すると、浅井長政からの要請を受けた朝倉義景が近江に出陣してきましたが、信長は朝倉方の大嶽城《おおずくじょう》（滋賀県長浜市湖北町）、丁野山城《ようのやまじょう》（滋賀県長浜市湖北町）を陥落させました。このときの部隊には佐久間信盛、柴田勝家、丹羽長秀、羽柴秀吉、滝川一益らがいましたが、信長はこれらの将兵に向かって「今夜朝倉は必ず退散するので、逃がさぬように十分注意せよ」と再三にわたり厳命しました。ところがその夜信長自身が朝倉方の本陣に向け先陣をきったにもかかわらず、部将たちは油断してそのことを知らず遅れて駆けつけました。信長が諸将に向かって厳しく叱責すると勝家、長秀らの諸将は謹んで陳謝しましたが、そうしたなかで佐久間信盛は涙を流しつつも「そのようにおっしゃいますが、我々ほどのすぐれた家臣をお持ちになることはないでしょう」とうぬぼれを言ったため、信長は大いに腹を立て「お前は自分の能力を自慢しているのか。何を根拠にそう言うのか。片腹痛い言い草である」と言って機嫌が悪かった、と『信長公記』に詳しく書かれています。この出来事も、後日信盛が信長に追放される一因になりました。

この後、朝倉義景の軍勢は居城の一乗谷館《いちじょうだにやかた》（福井市城戸ノ内町）に逃げ帰った後さらに撤退しますが、信長は柴田勝家らに追撃を命じたためいよいよ義景は逃げることができず、一族の朝倉景鏡《かげあきら》の裏切りもあって自害して果てました。続いて信長軍は小谷城の浅井長政を攻め長政も切腹に追い込みましたが、この攻撃について『信長公記』には羽柴秀吉の活躍だけが書かれており、佐久間信盛ら三人の家臣の名は見られません。これに関して谷口克広氏は『前田家譜』には柴田勝家が参加したことが見えるとする一方、佐久間信盛は小谷城攻めには参加しなかったと述べ、また朝倉氏が滅亡して以降に丹羽長秀による若狭（福井県南西部）支配が始まったとも述べていますが、このように一国支配を任されたのは信長家臣のなかで長秀が最初であるということです。

同年九月、六角義治の立て籠もる鯰江城を柴田勝家に攻めさせた結果、義治は降参して城から退去しました。また同月北伊勢（三重県北部）にも出陣し、佐久間信盛、柴田勝家、丹羽長秀、羽柴秀吉、滝川一益らに命じて長島一向一揆勢を攻撃（第二次）し、一時はこれを平定しましたが、退去時に反撃を受け大きな成果は得られませんでした。さらに同年十一月には将軍義昭に同調して信長に謀反を企てた三好義継の立て籠もる若江城を佐久間信盛に攻めさせ、義継を自害させました。

天正二年（一五七四）七月、信長父子は長島一向一揆攻め（第三次）をするため出馬しました。今回はこれまでに比べて特に大勢力での攻撃となり、その模様は『信長公記』に詳しく書かれています。まず東からは信長の嫡男・信忠が攻め掛かり、西からは佐久間信盛、柴田勝家らが攻め、松之木の渡しで一揆勢が応戦の陣を布《し》いていたが、佐久間らはどっと川を押し渡り、馬上から一揆勢を多数切り捨てた、ということです。信長は中央から攻撃し、丹羽長秀らがその先陣を務め、一揆勢がこだみ崎の河口に舟を寄せ、堤防に上って守備していたのを丹羽長秀が攻めて追い崩し、多数を討ち取った、ということです。さらに水軍も大規模に動員し九鬼嘉隆《くきよしたか》、滝川一益《たきがわかずます》らが安宅船《あたけぶね》を使用するなど多方面から攻撃したことにより一揆勢は降参し、これを平定することができました。

天正三年（一五七五）四月、信長は佐久間信盛、柴田勝家、丹羽長秀らを従軍させ、大坂本願寺側に付いていた阿波（徳島県）三好方の三好康長が立て籠もる高屋城（大阪府羽曳野市古市）を攻めて降参させました。

同年五月、信玄亡き後を継いだ武田勝頼は三河に侵攻し、徳川家康方の拠点である長《なが》篠城《しのじょう》（愛知県新城市長篠）を包囲したため、家康は信長に救援をもとめました。こうして織田・徳川連合軍と武田軍との間で戦われたのが「設楽原《したらがはら》の戦い」または「長篠の戦い」と呼ばれる戦いです。この戦いに関する記述を見ると、『信長公記』では丹羽長秀の名前を、『（甫庵）信長記』では佐久間信盛と丹羽長秀の名前をそれぞれ確認できますが、『信長公記』や『（甫庵）信長記』などに柴田勝家の名前が書かれていないため、勝家はこの戦いに従軍していなかったのではないかともみられています。なお『武家事紀』や『名将言行録』には信盛が勝頼に内通して信長を裏切ると見せかける秘策に関するエピソードが書かれています（コラム２『名将言行録』に見る佐久間信盛　参照）。これを要約すると、信盛が信長を裏切ることを起請文《きしょうもん》に書いて用意したうえで勝頼家臣たちにそれを見せ、かねてから勝頼公に志を持っているので奉公したい旨を申し述べるとともに、信長軍の弱さを強調してこの度の戦いはこちらに勝ち目がないとも述べたので勝頼家臣たちはそれを信じ、勝頼に対し川を渡って信長・家康連合軍を攻めることを勧めました。一方で信長方は柵を設け大量の鉄砲を用意していたので武田騎馬軍を撃ち破ったということです。ただし、このエピソードは『信長公記』など信憑性が高いとされる資料には一切記されていないため、信憑性には疑問があるといわれています。また『寛政重修諸家譜』には「天正三年五月長篠にをいて東照宮（家康）右府（信長）の両軍武田勝頼と合戦のとき、信盛右府（信長）の先鋒にありて滝川一益とともに軽卒《けいそつ》を指揮して三千挺の火砲を放たしめ挑み戦ふ」（カッコ内は筆者補記）と記していますが、『信長公記』には鉄砲隊は佐々成政《さっさなりまさ》、前田利家、野々村正成、福富秀勝、塙直政《ばんなおまさ》を指揮者としていたと記しているので、この記事についても信憑性は低いように思われます。

同年七月、信長は正親町《おおぎまち》天皇から官位昇進の勅諚《ちょくじょう》を受けましたがこれを辞退し、その代わりに主だった家臣を任官させることを願い出て許されました。『信長公記』にはこのとき信長から推挙された五名の家臣の名が書かれていますが、そこには丹羽長秀や明智光秀が含まれ、長秀は「惟住《これずみ》」、光秀は「惟任《これとう》」の姓をそれぞれ賜りました。谷口克広氏によると、当時の文書などから他に羽柴秀吉らも任官したことが確実で、羽柴秀吉、明智光秀らはそれぞれ筑前守《ちくぜんのかみ》、日向守《ひゅうがのかみ》といった受領《ずりょうめい》名も受けているのに対し、丹羽長秀が受領名をあずかったという記事は見られません。ただ『名将言行録』によれば、長秀は壱岐守《いきのかみ》を任ぜられたものの辞退したとされています（コラム3　『名将言行録』に見る丹羽長秀　参照）。なお、『信長公記』の家臣任官に関する記事に佐久間信盛や柴田勝家の名前は出てきませんが、これについて谷口克広氏は「おそらく二人ともすでに任官していたのであろう。かなり以前から柴田は修理亮《しゅりのすけ》、佐久間は右衛門尉《うえもんのじょう》を名乗っているが、これは自官ではなく朝廷から賜った正式の官なのではなかろうか」と述べています。

同年八月、信長は越前一向一揆を殲滅《せんめつ》するため佐久間信盛、柴田勝家、丹羽長秀、羽柴秀吉、明智光秀、滝川一益ら有力武将のほとんどを動員して攻撃を開始しました。このうち、柴田勝家、丹羽長秀らの三部隊は鳥羽城（福井県鯖江市）を攻略して五、六百人を切り捨てました。越前（福井県北部）および加賀（石川県南部）の能美郡《のみぐん》、江沼郡を平定した信長は勝家に北庄城《きたのしょうじょう》（福井市中央）の築城を命じますが、その縄張りは自ら行っており、基本的な設計は信長の指示のもとに行われたようです。さらに信長は勝家に越前国のうち八郡を与えますが、これにより勝家の領地の大きさは信長家臣のなかで最大になりました。なお、信長は勝家に越前八郡の領国を与えるにあたり、九か条にわたる「掟《おきて》」を発令し領国経営の方針を具体的に示しています。「掟」では民に不法な税を課してはならないこと、裁判は公正に行うこと、関所を廃止することなどを具体的に示すとともに、何事も信長の指示に従うように指示しています。さらに勝家の目付役として前田利家ら三人を置いて治世にあたらせ、互いに切磋琢磨するように心がけることも併せて指示しています。

同年十一月、信長は家督を長男・信忠に譲ったうえで茶の湯道具だけを携えて佐久間信盛の屋敷に引越しましたが、これを契機に信盛・信栄《のぶひで》（正勝）父子が茶の湯に入れあげるようになったのではないかといわれています。また後年信長が信盛に対して書いた譴責《けんせき》状《じょう》や『武家事紀』によると、同年十二月、信長に臣従していた水野信元が誅殺《ちゅうさつ》されたことにより、信盛は信元の旧領である尾張の緒川、三河の刈谷を与えられたことがわかります。

天正四年（一五七六）一月、信長は丹羽長秀に安土城築城を開始するように命じ、二月にはみずからも岐阜から安土に居を移しました。なお、城の普請《ふしん》が信長の意にかなった褒美として名高い茶碗を長秀にあたえたということです。

（四）本能寺の変まで

信長と大坂本願寺勢力は交戦と和睦を何度か繰り返してきましたが、天正四年（一五七六）四月、本願寺側が再び挙兵したため、天王寺砦（大阪市天王寺区生玉寺町）に佐久間信盛の嫡男・信栄と明智光秀を入れました。ところが五月になると本願寺勢力は更なる猛攻撃で信長側の総大将であった原田直政（旧姓塙《ばん》）を討死にさせ、さらに余勢をかって佐久間信栄らが籠城していた天王寺砦を包囲しました。そこで信長は天王寺砦を救援するために出陣しましたが、この先陣には佐久間信盛らが、第二陣には丹羽長秀、羽柴秀吉、滝川一益らが名を連ねていました。こうして信長は自ら陣頭指揮をとる活躍で天王寺砦の危機を救い、大坂本願寺（大阪市中央区大阪城）を囲む要所に十か所の砦を構築し、天王寺砦には佐久間信盛・信栄父子、松永久秀らを城番として入れ置きました。七月になると本願寺方に兵糧を補給するために瀬戸内水軍が海上に現れましたが、これを阻止するため信長側も水軍が迎え撃ち木津川《きづがわ》河口で海戦となり、この戦いで信長側は大打撃をうけました。一方陸上でも一揆勢が出撃したため佐久間信盛が天王寺砦から軍勢を出し、敵の側面を攻撃しました。これを契機に佐久間信盛を主将として大坂本願寺を包囲する軍（大坂方面軍）が発足しましたが、後に佐久間父子が追放されたとき信長が書いた譴責状《けんせきじょう》によると、この包囲軍には三河（愛知県東部）、尾張（愛知県西部）、近江（滋賀県）、大和（奈良県）、河内（大阪府東部）、和泉（大阪府南西部）、紀伊（和歌山県、三重県南部）の七か国にわたる与力が付けられて織田家中でも最大の軍団になったことがわかります。

天正五年（一五七七）二月、大坂本願寺勢力にあって鉄砲で武装したびたび信長軍を苦しめた傭兵集団の雑賀衆《さいがしゅう》を攻めるため、信長は紀伊に向けて出陣しました。このうち内陸方面から進撃した軍勢には佐久間信盛、羽柴秀吉らが、海岸沿いから進撃した軍勢には丹羽長秀、滝川一益、明智光秀らが加わるなど大規模な動員となりました。翌月海岸沿いから進撃した丹羽長秀らに命じて雑賀孫一の居城を攻撃させるなどした結果、大坂本願寺側に協力しないことなどを記した誓紙を提出したため赦免しました。

北陸方面の情勢に目を移すと、天正四年（一五七六）には柴田勝家を指揮官として越前・加賀南部の軍を率いる体制（北陸方面軍）ができあがり加賀一向一揆の平定を任されましたが、一向一揆はその後も収まる気配はなく、『武功夜話』によると「天正五年（一五七七）の秋頃から、越前探題《たんだい》の柴田修理亮勝家殿から、本願寺の門徒衆が諸所で蜂起し、このまま放置しておくことは先々ゆゆしき大事となる、したがって早々と出陣を願いたいとの報がしばしばもたらされるようになった」ということです。さらに越後（新潟県）の上杉謙信も越中（富山県）に攻め入り、能登（石川県北部）にも進出してきたため、天正五年（一五七七）八月、信長は柴田勝家を総大将とする軍勢に丹羽長秀、羽柴秀吉、滝川一益らを付けて上杉軍、加賀一向一揆勢と相対させせました。なお『信長公記』には佐久間信盛の名は見られませんが、信長から佐久間信盛、柴田勝家に宛てた判物（〈七五六〉柴田勝家・佐久間信盛宛判物写）の文面を見ると信盛もこれに加わっていたことがわかります。ところがこの作戦途上勝家と秀吉は意見が対立し、秀吉は許可を得ずに自らの兵を引き揚げてしまい、その後勝家率いる織田軍は「手取川《てどりがわ》の戦い」で上杉軍と戦って敗れたといわれていますが、『信長公記』には「手取川の戦い」に関する記述はありません。なお、『武功夜話』には秀吉側の立場から見た意見対立の原因を次のように記しています。「筑前（秀吉）様、御舎弟小一郎（秀長）をはじめ蜂小（蜂須賀小六《はちすかころく》）、前将（前野将右衛門）、竹半（竹中半兵衛）らが相談の結果、すみやかに諸軍を返すよう、御大将柴田修理亮殿に言上することとなった。だが、柴田・佐久間（盛政）は、このたびの勝ち戦に思い上がり、越後の上杉氏と一戦を交えようとの姿勢。筑前様が御大将柴田殿に言上しても聞き入れず、いま、この加州（加賀）から軍勢を返すことは、上杉勢につけ入る隙を与えることとなる、という。こうして諸将の意見も各々が相違し、軍議も容易に結論が出なかった。（略）加州を退陣したのは北国探題の柴田修理殿が、御縁家のみを先手となされ、我ら主人筑前様を後陣にする依怙贔屓《えこひいき》ばかりで、ために我らも加州まで出陣しながら鉄砲を二発も撃つことさえできなかった」（カッコ内は筆者補記）ということです。

こうした織田軍の状況を見て、大坂本願寺に対峙して築いた天王寺砦の城番に入れ置かれた松永久秀（元亀三年に謀反、後に降伏し信長により赦免）父子が再び謀反を企て砦から退出し居城の信貴山城に籠城したため、同年十月、信長は嫡男・信忠を総大将とした軍勢に佐久間信盛、丹羽長秀、羽柴秀吉、明智光秀らを付けて城を攻め久秀を自害させました。

天正六年（一五七八）四月、信長は丹波（京都府中部、兵庫県北東部、大阪府北部）を攻略するため丹羽長秀、滝川一益、明智光秀を出陣させ、園部城（京都府南丹市園部町）を包囲して攻め城主・荒木氏綱を退城させました。また同年二月、羽柴秀吉が播磨（兵庫県南西部）に出陣するとまもなく別所長治が毛利氏、大坂本願寺側に離反して三木城（兵庫県三木市上の丸町）に籠城、これを受けて毛利氏の軍勢が安芸（広島県西部）から進攻してきました。そこで秀吉は信長に援軍を要請し四月から五月にかけて佐久間信盛、丹羽長秀、滝川一益、明智光秀らが出陣、六月に別所氏の居城である三木城の支城・神吉城《かんきじょう》（兵庫県加古川市東神吉町）を攻略しました。『信長公記』にはこの攻撃の様子が詳しく書かれており、それによると丹羽長秀と若狭衆が東方の攻め口を受けもち、まず最初に櫓を二つ高々と組み上げ、大砲を撃ち込み、堀を埋め、築山を築いて攻めた。滝川一益・丹羽長秀両軍の攻め口から東の丸に突入し、翌日には中の丸に攻め込み敵将を討ち取り天守に火をかけた。敵味方入り乱れて戦って火花を散らし、その間に天守は焼け落ち敵方の将兵過半数が焼死した、ということです。一方摂津（大阪府北西部、兵庫県南東部）支配を任されていた信長家臣の荒木村重も謀反を企て大坂本願寺勢力と結んだため、信長は同年十一月に丹羽長秀、羽柴秀吉、滝川一益、明智光秀らを従軍させて出陣しました。

天正八年（一五八〇）閏三月になると、ようやく信長と大坂本願寺との間で和睦が成立しました。柴田勝家を指揮官とした織田軍と上杉軍、加賀一向一揆勢との戦いは天正六年（一五七八）に上杉謙信が死去して以降も大きな進展はなく困難を極めていましたが、この和睦成立をきっかけにして織田軍の攻勢は一気に強まり、加賀一向一揆勢を攻め滅ぼして加賀を平定した後、能登、越中国境にまで進撃しました。この戦いの様子について『信長公記』には、柴田勝家は野の市の一揆勢を多数切り捨てて追い払い、兵糧を分捕って数百艘の舟に積み、そこから次々と各地を焼き払いつつ奥地へ進み越中との国境を越えた、と記しています。こうして勝家は加賀平定に四年の年月を費やしましたが、信長が佐久間父子に対して書いた譴責状を見ると、勝家はすでに越前一国を領している身ながら今春加賀に進撃し一国を平定した、と記しているようにその功績を評価していたようです。

同年八月、信長は佐久間信盛、信栄父子に宛てて譴責状を突き付け、父子を高野山に追放しました。譴責状は十九か条に及び、そのなかには「三方ヶ原の戦い」で、味方の平手汎秀を見殺しにしたものの自分の軍勢からは犠牲者を出さず逃げ帰ったことや、朝倉義景が敗走したとき信盛を含む諸将たちに不手際があったにもかかわらず信盛だけが抗弁したことなども含まれますが、直接の原因は大坂本願寺攻めにおける怠慢でした。そこでこれに関わる条文の内容を要約すると、この戦いでは尾張、三河など七か国の与力まで付けたにもかかわらず、ほとんど武力行使や調略活動も行わず、十分に機能しなければ信長の指図を受けて決着をつけるべきであったが、この五年間ひたすら持久戦に固執したのは職務怠慢であったとしています。そして信盛は信長に三十年仕えているがその間に比類ない手柄と称されたことは一度もなく、父子ともに武士の心構えが不足しているからこのような有様になったと結論付けています。さらに大坂本願寺に対して武力行使や調略活動をしなかったにもかかわらず、信盛父子は、この時期茶の湯に入れ込んでいたことも一因になったようで、『信長公記』のなかの条文記述にはありませんが、『(甫庵) 信長記』のなかの譴責状条文には「甚九郎（信栄）事、茶の湯にすきつる百分の一武道に心をかけなば父の越度（あやまちの意）も加程には有るまじきを、無益の数寄《すき》に莫大の金銀を費し……」（カッコ内は筆者補記）と記されています。こうして佐久間父子は高野山に退去させられましたが、その後高野山にいることも許されなくなったため熊野方面に向かい、信盛は天正十年（一五八二）、大和（奈良県）十津川村《とつがわむら》で病死しました。享年五十五。なお、信栄は信盛の死を聞いた信長から赦免され、長男信忠付として仕えることになります。

天正九年（一五八一）九月、信長の二男・信雄《のぶかつ》を主将とした軍団が伊賀（三重県北西部）に出陣し平定しましたが、この軍には丹羽長秀、滝川一益らが加わりました。

天正十年（一五八二）三月、信長は嫡男・信忠に命じて甲斐の武田勝頼を攻め自害させますが、同年六月、家臣・明智光秀の謀反により本能寺で横死しました。

（五）信長の死後

信長が「本能寺の変」で死去したことにより信長家臣としての役割はそこで終了しますが、ここからは参考として『太閤記』『川角太閤記』『天正記　柴田合戦記』などの資料をもとに柴田勝家と丹羽長秀のその後を簡単に見てみたいと思います。

一向一揆勢力を制圧し加賀（石川県南部）を平定した柴田勝家は能登（石川県北部）・越中（富山県）にも進出しましたが、天正十年（一五八二）、謙信の死後に後を継いだ上杉景勝を越中で攻めていたとき「本能寺の変」で信長が横死してしまい、事件の報を聞いて京都に向かおうとしましたが、上杉方の反撃に遭って動くことができませんでした。一方丹羽長秀は四国の長曾我部《ちょうそかべ》氏討伐に向けて編成された信長の三男・信孝が率いる軍団の副将として大坂近辺に駐屯していましたが、「本能寺の変」の報が届くと大半の兵が逃亡してしまい弔い合戦どころではなかったようです。このように勝家、長秀らが弔い合戦をする体制が整わず時間を要している間に、山陽道で毛利軍と対峙していた羽柴秀吉は、和睦したうえですぐさま東上し、信孝軍と合流し「山崎の戦い」で明智光秀を破りました。

「山崎の戦い」から二週間後の同年六月二十七日、織田家の後継者の選定と信長遺領の配分を決定するため、織田家重臣である柴田勝家、丹羽長秀、羽柴秀吉、池田恒興《つねおき》の四人が清須城に参会しました。まず、織田家後継者選定の議題で勝家は信長の三男・信孝を推しましたが、秀吉が信長の嫡孫でわずか三歳の三法師（のちの秀信）を擁立すると、光秀を討伐した戦功を背景に秀吉の主張が認められ、結局織田家の家督は三法師が継ぐことに決まります。信長遺領の配分についても、秀吉は戦功により河内（大阪府東部）、山城（京都府南部）、丹波（京都府中部、兵庫県北東部、大阪府北部）を増領し、長秀も従前の若狭（福井県南西部）に加えて近江（滋賀県）二郡を得たのに対し、勝家は秀吉の本領である近江の長浜を得たのみで、勝家と秀吉の立場は逆転してしまいました。なお『川角太閤記』によるとこの会議の場で長秀は秀吉の意見にことごとく賛同した様子が伺えますが、この後の長秀は秀吉と対等の立場ではなく、秀吉に従属する立場になったことがわかります。

清須会議の後、羽柴秀吉は信長の二男・信雄、丹羽長秀、池田恒興らを味方につけたのに対し、柴田勝家は信長の三男・信孝、滝川一益らとともに対抗して権力抗争が激化し、ついに両者の間で「賤ヶ岳《しずがたけ》の戦い」が繰り広げられることになりました。この戦いで長秀は勝家を牽制する役割を果たし途中から援軍にも加わったようですが、戦いは戦力の差において勝る秀吉軍が勝利します。手痛い敗北をした勝家は居城の北庄城に戻りますが、追撃した秀吉軍に追い詰められて自害しました。享年六十二。『寛政重修諸家譜』では、戦

賤ヶ岳山頂から余呉湖を望む

後丹羽長秀は「越前、若狭両国をよび加賀半国を宛行はれ、越前守に任じ、足羽郡北庄の城に住す」としていますが、宣教師ルイス・フロイスの書簡では「（秀吉は）彼（長秀）からはその所領としていた若狭国を取り上げて越前国を与えた」（カッコ内は筆者補記、一五八四年一月二十日付書簡）としており、谷口克広氏は勝家の旧領である越前一国と加賀能美・江沼二郡を与えられ越前府中に居した（『丹羽家譜』による）、としています。こうして長秀は北陸を支配する大名となり、「越前守」を名乗ることになりますが、その後病気に冒され天正十三年（一五八五）に死去します。享年五十一。

◇参考・引用文献
太田牛一著、桑田忠親校注『信長公記』（新人物往来社）
中川太古訳『現代語訳信長公記』（新人物文庫）
榊山潤訳『現代語訳信長公記』（ちくま学芸文庫）
小瀬甫庵『信長記　上下』（現代思潮新社）
加来耕三訳『現代語訳　武功夜話信長編』（新人物往来社）
『新訂寛政重修諸家譜　第六』『新訂寛政重修諸家譜　第九』『新訂寛政重修諸家譜　第十一』（続群書類従完成会）
『佐久間軍記』続群書類従第20輯下（続群書類従完成会）

山鹿素行『武家事紀』（新人物往来社）
松田毅一監訳『十六、七世紀イエズス会日本報告集　第Ⅲ期第4巻』（同朋社出版）
松田毅一監訳『十六、七世紀イエズス会日本報告集　第Ⅲ期第6巻』（同朋社出版）
岡谷繁美『名将言行禄』（岩波文庫）
小瀬甫庵著、桑田忠親校注『太閤記』（新人物往来社）
川角三郎右衛門『川角太閤記』戦国資料叢書1　太閤史料集（人物往来社）
志村有弘訳『川角太閤記』（勉誠社）
大村有己『天正記　柴田合戦記』戦国資料叢書1　太閤史料集（人物往来社）
谷口克広『織田信長家臣人名辞典』（吉川弘文館）
谷口克広『信長軍の司令官』（中公新書）
菊地浩之『織田家臣団の謎』（角川選書）
和田裕弘『織田信長の家臣団』（中公新書）
奥野高広『増訂　織田信長文書の研究』（吉川弘文館）
楠戸義昭『戦国　佐久間一族』（新人物往来社）
楠戸義昭『激闘！賤ヶ岳』（洋泉社）
桐野作人『織田信長』（新人物文庫）
小野之裕『柴田勝家と支えた武将たち』（ゆいぽおと）

【コラム1】『名将言行禄』に見る柴田勝家

元亀元年六月、佐々木（六角）義賢《よしかた》、勝家を近江長光寺に囲み攻む。遂に総構《そうがまえ》を打破る。勝家本丸に在り、爰《ここ》を専途《せんど》と防ぎ戦ふ。郷民《きょうみん》義賢が陣に往《ゆい》て、此城は水の手遠く遥なる所より水を取り候、夫を取切り給ふ程ならば城は保つべからずと告知らせければ、義賢喜びて水の手を取切りたり。城中是に困《くるし》めども弱われる色を顯《あら》はさず、義賢之を見ん為めに、和平せんとて平井甚介を使として城中に入れたり。平井、勝家に對面し、偖四方山《さてよもやま》の物語して後手水《ちょうず》を請ふ。小姓《こしょう》則ち飯銅《はんどう》に水を入れ、二人してかい出で十分に甚介に手水遣はせ、残れる水を庭に捨たり。平井帰りて斯くと言へば、事の違ひたる故に怪みあへり。斯《か》くて城中既に水竭《つ》きければ、勝家明日は打て出切死にせんとて諸士を集め、最期の酒宴し、残れる水を問へば二石入の水瓶三つならではなかりけり。勝家之をかい出させ、去らば此間の渇を止めよとて人々に汲み呑ませ、偖残れる水の入りたる瓶を勝家長刀の石突《いしづき》にて割りたり。明ければ六月四日の早天に門を開き打出る。敵思ひも寄らざることなれば、大に敗北しぬ。勝家追撃て首八百餘級を得て岐阜に献じ、我身は猶長光寺に在り。信長感状を與へ、賞せらるること大方ならず。是より世人勝家を瓶割柴田と稱《しょう》しけり。

※カッコ内は筆者補記

〜岡谷繁美『名将言行禄』（岩波文庫）より引用〜

「瓶割り柴田」の図（「北の庄城址・柴田公園」内）

◇丹羽長秀の居城　佐和山城

佐和山城（滋賀県彦根市佐和山町）は琵琶湖（松原内湖）に面した山麓との比高百三十メートルを測る佐和山山上に築かれた城で、最高所に本丸、その北側に二の丸・三の丸を配し、本丸の南には鐘の丸、さらにその南西には太鼓丸が続いていています。

この城は戦国時代になると浅井氏の最前線となり、永禄四年（一五六一）以降は浅井長政の家臣磯野員昌《いそのかずまさ》が城主として入城しています。その後長政が姉川合戦で織田信長に敗れると、元亀二年（一五七一）に信長の開城勧告に応じて磯野員昌は退城し、信長は丹羽長秀を城代として入れ置きました。元亀四年（一五七三）、信長は丹羽長秀に大船の建造を命じるとともに自ら工事を監督し、およそ二か月間佐和山城に在城しています。このように、この時期の佐和山城は信長の近江における居城としての位置付けができます。

佐和山城にも天守が存在したといわれていますが、丹羽長秀城主時代の佐和山城ではまだ瓦葺建物は導入されていなかったようです。

佐和山城には関ケ原合戦ののち井伊直政が入城しましたが、慶長十一年

（一六〇六）にはその子直勝により彦根城が築かれ、佐和山城の本丸に構築されていた石垣もその大半が彦根城に転用されるなど、多くの遺構が破壊されたといわれています。

◇参考・引用文献
彦根市史編集委員会『新修彦根市史第一巻　通史編古代・中世』
『日本城郭大系11　京都・滋賀・福井』（新人物往来社）

【コラム2】『名将言行録』に見る佐久間信盛

長篠の役、家康援兵を信長に請はる。信長加勢すべきや否を信盛及び毛利河内守秀頼に尋ねらる。秀頼は武邊《ぶへん》の誉れある者なり。信盛は左して武邊の誉れはなけれども、分別厚き者なり。秀頼曰く、今度御出馬に於ては武田勢一人に味方十人の積もりにても必ず味方の負けたるべし。左すれば御出馬の義は然るべからずと。信盛曰く、武田勢は強し、味方の負は疑ひなし、然れども御出馬然るべし。其故は三河の地にての御合戦なり。其上今度徳川殿負け給はゞ、武田の旗本に成り給ふべし。然らば御家御手薄に成り申べし。且つ武田家にて徳川殿を引付け、三河、遠江を手に付け働きあらば危きことなり。是を以て之を見れば、此度の御加勢に御出馬あり、御負けありて然るべくと。信長面白き積もりなりと感ぜらる。信盛又是非御勝遊ばされ度ば、御勝たせ申べし、某《それがし》に御任せあれ、一才覚仕るべし。去ながら、以来武田家へ心を通じて仕るにては之なき証拠に起請文《きしょうもん》を書き、其上にて武田の寵臣跡《ちょうしんあと》部《べ》、長坂に金を取らせ度と申ければ、信長易きことなり、何にても取らせ候へ、但し刀を遣はしては人も見るものなり、脇差を遣はし候へとて信盛に賜ふ。信盛則ち跡部、長坂へ密《ひそか》に申遣はしけるは、我等儀此度の一戦必ず此方の負けと存ずるなり。内〻勝頼公へ志之ある間、御奉公申度《もうしたき》、其元《そのもと》頼み申由、懇《ねんごろ》に申遣はし、其上此度の戦は此方へ御取掛り之あらば即刻敗軍すべき様子なれば、其通り御心得候へと申遣はしたり。之に依り、右両人誠のこと〻心得、何時にても其方ことは請合申と固く約束せり。右の次第故、両人も此方より無理に押掛る時は、相違なく敵は敗軍と相心得、勝頼へ川を越て掛り給へと勧む。味方にては、其積もりを以て柵を振りて敵を思ふ圖へ引掛け撃て、大に之を敗れり。右の脇差武田滅亡の後、又戻りしとぞ。

〜岡谷繁美『名将言行録』（岩波文庫）より引用〜

【コラム3】『名将言行禄』に見る丹羽長秀

長秀、幼名萬千代丸と曰ふ。年十五歳より信長に従ひ、常に一方の大将を承はり、向ふ所破れずと曰ふことなし。元亀二年、餘多《あまた》の地付けて佐和山城五萬石を賜はる。是年来の武勇を賞せられし所なり。去れば、織田の内にして丹羽、柴田と曰ふ者をば、世の人知らずと言ふことなし。秀吉も始め此兩人が名を慕ひ、家の號一字づつ乞受けて、羽柴とは名乗てけり。

永禄の比《ころ》、敵味方扱ひ抔に、普《あまね》く人の好みしは、丹羽五郎左衛門尉長秀と木下藤吉郎秀吉なり。是は信義厚きが故なり。

時人の小歌に、木綿藤吉米五郎左、掛《かか》れ柴田に退《の》き佐久間と言へり。藤吉は秀吉なり。木綿は美麗にあらざれども、何に用ひても、調法なるものにて、なくて叶はざるものなり。藤吉は何に使ひても自由にて、調法なる人なり。米五郎左は則ち長秀のことなり。此人は殊に暫くの中もなくて叶はず、押並べて上下へ渡ると言ふ意なり。柴田は勝家なり。勇氣盛にして掛り口の能き人なり。佐久間は信盛なり。退口は信盛に如くはなし、とのことなり。

天正三年、信長、長秀に惟任《これとう》の氏を賜はり壹岐守に任ぜらる。長秀惟任に罷《まかり》成り候義は畏《かしこま》り奉《たてまつ》れども、壹岐守に成候義は御免し賜はるべく、某若き時分より下々呼び覚候五郎左衛門にて罷在度由、達《たっ》て申けるに依り、其望に任されけり。

※文中の「惟任」は「惟住」の誤りと思われます。

～岡谷繁美『名将言行禄』（岩波文庫）より引用～

【コラム4】 宣教師ルイス・フロイスが見た領主・柴田勝家と北庄城

① 一昨日越前から同所に到着した柴田（勝家）殿は一万の家臣と一万の人夫を率いて来た。彼は昨日信長を訪ね、黄金三十枚と茶の湯の道具三点を献じた。この道具は一つが三千貫に値するもので、進物のみで合計二万タエル、すなわち三万クルザードであった。また、道中の費用並びに家臣の衣服装飾に三万タエル、すなわち五万クルザードを費やしたということである。当地において彼は緋色の衣服をまとい、彼の乗馬をも緋色で覆ったが、偶然にも信長がこの衣服を自ら用いるつもりであったので、彼（柴田殿）が同じ身なりをして出ることを望まなかった。

※天正九年（一五八一）二月に京都で行われた馬揃えに参加したときの記事

（一五八一年四月十四日付書簡）

② 柴田殿は職務、身分、家臣の数、栄華、封禄においては当国の国主にも等しい人である。

（一五八一年五月十九日付書簡）

③　彼（勝家）は越前国の半分乃至はそれ以上、並びに征服した加賀国全土の国主のような人であるゆえ、当地では手柄、身分及び家臣についでは信長にも等しく、人々は彼を上様、その息子を殿様と呼んでいる。

※カッコ内は筆者補記

（一五八一年五月二十九日付書簡）

④　この城（北庄城）は大変立派なもので大工事が行われているところであったが、歩みながら見て私がもっとも喜んだのは城並びに他の多数の家々の屋根瓦であった。それらの瓦はことごとく立派な石で作られ、その色により城にいっそうの輝きを添えている。

※カッコ内は筆者補記

（一五八一年五月十九日付書簡）

⑤　城（北庄城）の屋根はすべていとも滑らかで、あたかも轆轤《ろくろ》で作ったかのように形の良い石で葺いてあった。

※カッコ内は筆者補記

（一五八四年一月二十日付書簡）

北の庄城址・柴田公園

北庄城想像図

◇柴田勝家の居城　北庄城

現在の柴田神社付近が本丸跡と推定されている北庄城《きたのしょうじょう》（福井市中央）は足羽《あすわ》川《がわ》と吉野川の合流点を本丸とし、北へ二の丸、三の丸と配し、後方は河川による天然の堀という堅固な縄張りであったとされ、いわゆる梯郭式《ていかくしき》の城とみられています。

天正三年（一五七五）に越前の一向一揆を平定した信長は、柴田勝家に越前八郡を与えました。勝家は同年から築城にとりかかり、北庄城主となって城下町を建設したり領国経営に励んだりしますが、信長が「本能寺の変」で横死すると羽柴秀吉との間で対立が激化し、天正十一年（一五八三）の「賤ヶ岳の戦い」で秀吉に敗れた勝家は北庄城に逃れてきたものの、秀吉軍に城を囲まれたため自刃し、そのとき天守も炎上したためわずか八年で灰燼《かいじん》に帰してしまいます。さらに慶長五年（一六〇〇）に初代北庄藩主となった結城秀康《ゆうきひでやす》が慶長六年（一六〇一）、この地に新しい城（後の福井城）を築城したため、勝家時代の北庄城の遺構はほとんど地下に埋もれてしまいました。

ただ、ポルトガルの宣教師ルイス・フロイスが本国に宛てた書簡には「この城は大変立派なもので（略）それらの瓦はことごとく立派な石で作られ、その色によりいっそうの輝きを添えている」（一五八一年五月十九日付）、「城の屋根はすべていとも滑らかで、あたかも轆轤《ろくろ》で作ったかのように形の良い石で葺いてあった」（一五八四年一月二十日付）とあるほか、秀吉が小早川隆景らに宛てた書状には「城中二石蔵を高築、天主を九重二上候……」（天正十一年五月十五日付）と、『天正記　柴田合戦記』には「甲の丸と呼ばれる本丸は巨石で石垣を積み上げてある。天守は九重に上げ、石の柱に鉄の扉で厳重に構え、精兵三百余人が立て籠もり、防いでいた」とそれぞれ記されており、これらの資料によって安土城にも劣らない壮大な城郭かつ堅固な構造ですぐれた防御性を持っていたことがうかがえます。

北庄城の本丸があったとされる

柴田勝家像（「北の庄城址・柴田公園」内）

場所は、現在「北の庄城址・柴田公園」になっていて北庄城および福井城の一部遺構が整備・保存されているほか、公園内には「北の庄城址資料館」が併設されています。また、公園内には文献資料などをもとに作成した北庄城の想像図も掲示されているほか、隣接地には柴田神社もあり勝家などの銅像も見られます。

◇参考・引用文献

『日本城郭大系11　京都・滋賀・福井』（新人物往来社）
『名城をゆく24　北庄城・丸岡城・一乗谷館』（小学館）
福井市『福井市史　資料編1　考古』
福井市『福井市史　資料編2　古代・中世』
大村有己『天正記　柴田合戦記』戦国資料叢書1　太閤史料集（人物往来社）
松田毅一監訳『十六、七世紀イエズス会日本報告集　第Ⅲ期第5巻』（同朋社出版）
松田毅一監訳『十六、七世紀イエズス会日本報告集　第Ⅲ期第6巻』（同朋社出版）

第三章　三家臣の働きと信長の評価

佐久間一族は独自に一定規模の兵力を動員できる力を有するほど尾張の愛知郡東南部にあっては有数な国人領主であったため、信長の父・信秀の法要時には佐久間大学（盛重）ら一族がすでに信長の弟・信勝（信行）の家老に付いており、信盛も信勝側に付いていたものと推測されます。しかし、信秀の家督相続を巡って信長と信勝が争った「稲生の戦い」の際には佐久間大学は信長側に付いており、信盛も『信長公記』には書かれていないものの『佐久間軍記』には信長側であったことが書かれているので、遅くともこの時期までには佐久間一族は揃って信長側に転じていたものと思われます。さらに「桶狭間の戦い」では佐久間大学および信盛が主要な砦を任されるほど佐久間一族は最も信頼され重用されていたようで、信盛も早くから苦境の信長を終始一貫して支援してきたことにより、信長の尾張統一までの時期にあっては信長家臣のなかでも功績第一であったといえるようです。

信長が美濃に進出して以降についても、第二章で紹介した通り信盛は信長が関わった戦いの大半に従軍し東奔西走の働きをしているので、それだけでも多大な貢献があったと認められます。それらの戦いのうち『信長公記』のなかで信盛が加わったことのわかる主なものを取り上げると、六角氏の蓑作城《みつくりじょう》攻め（永禄十一年）、北畠氏の大河内城《おかわちじょう》攻め（永禄十二年）、六角氏との「落窪《おちくぼ》の合戦」（元亀元年）、第一次長島一向一揆攻め（元亀二年）、近江一向一揆の新村城攻め（元亀二年）、武田氏との「三方ヶ原の戦い」（元亀三年）、六角氏の鯰江城、百済寺《ひゃくさいじ》攻め（元亀四年）、将軍足利義昭の槙島城攻め（元亀四年）、第二次長島一向一揆攻め（天正元年）、三好氏の若江城攻め（天正元年）、第三次長島一向一揆攻め（天正二年）、三好氏の高屋城攻め（天正三年）、越前一向一揆攻め（天正三年）、紀伊の雑賀衆《さいがしゅう》攻め（天正五年）、松永氏の信貴山城《しぎさんじょう》攻め（天正五年）、別所氏の神吉城《かんきじょう》攻め（天正六年）などがあげられます。特に槙島城攻めでの記述では「佐久間らの二部隊だけでも敵の首五十余りを討ち取った」、第三次長島一向一揆攻めの記述では「松之木の渡しで一揆勢が応戦の陣を布《し》いていたが、佐久間らはどっと川を押し渡り馬上から一揆勢を多数切り捨てた」と活躍の様子が具体的に記されていますし、「落窪の戦い」では『信長公記』には書かれていないものの『（甫庵）信長記』や『佐久間軍記』にはその功績により領を加増されたことが記されています。しかしながら信盛の軍事面での働きについて、信長が佐久間父子を追放したときの譴責状では、信盛は信長に仕えて三十年になるがその間に比類ない手柄と称されたことは一度もなかったと記しています。また宣教師ルイス・フロイスは「彼（信盛）はその性格から戦においてあまり活躍せぬばかりか、むしろいくぶん怠慢でもあった」（カッコ内は筆者補記、コラム6宣教師ルイス・フロイスが見た三家臣の人物像・人物評価など　参照）と記し、『名将言行録』でも「信盛は左して武邊の誉れはなけれども、分別厚き者なり」（コラム2『名将言行録』に見る佐久間信盛　参照）と記すなど低い評価がされています。確かに「三方ヶ原の戦い」では不甲斐ない戦い方をし、信長に仕えてから比類ないと称されるような手柄もなかったとはいえ、信長にとって最大の難敵であった「大坂本願寺（石山本願寺）との戦い」では七か国に及ぶ与力も付けられて織田家中でも最大の兵力を有する大将を任されたことを考えると、信長も軍事面における一定の力量を認めていたものと推測されます。

次に軍事面以外の働きについてですが、楠戸義昭氏は比叡山との交渉、松永久秀との折衝、将軍義昭との間で和睦の使者を務めたなどの事例をあげ、「彼の力量はその行政手腕にあり、交渉能力に長けていた」としています。また、天文二十四年（一五五五）に守山城の新城主について進言したり（『信長公記』による）、永禄十一年（一五六八）の上洛にあたっては前向きな意見を述べ、元亀元年（一五七〇）の小谷城攻めでは慎重意見を述べ、元亀二年（一五七一）比叡山焼き討ちにあたっては信長の考えを諫めたり（以上『（甫庵）信長記』による）するなど、信盛はたびたび信長に対してもはっきりものを言っています。信長は家臣の意見に耳を傾けることなく、何事も自分自身で決断・実行する独裁者というイメージが強いのですが、臆することなく意見を述べる信盛は、織田家家臣のなかにあっては特異な存在で筆頭家老のような立場であったとも想定できます。宣教師ルイス・フロイスは「佐久間殿が信長の政権下で何びとにも見られぬ尊敬と信望を受けていた」（コラム6宣教師ルイス・フロイスが見た三家臣の人物像・人物評価など 参照）と記していますが、こうした信盛の振る舞いが尊敬や信望に繋がっていたものと思われます。

柴田勝家の祖先は尾張の愛知郡東部を地盤とした土豪クラスであったといわれ、勝家も信長の父・信秀の時代からそれなりの地位にあったようで、信秀の法要のときには信勝（信行）付き家臣の筆頭にその名が記されています。「稲生の戦い」においても信勝の家臣として戦い信長と敵対しましたが、すでに一軍を率いるという重要な役割を果たしました。「稲生の戦い」で信長に敗れた勝家は信長の力量を再認識し、信勝が再度信長に謀反を企てようとしたときにそれを信長に密告したことを契機に信長側に付くことになります。しかしながら「稲生の戦い」以降「桶狭間の戦い」を含めた信長の尾張統一過程においては『信長公記』に勝家の名は出てこないので、当初信長と向き合った勝家は信盛ほどの信頼を得られずあまり大きな活躍の場は与えられなかったようです。信長の美濃進出過程にあっても『信長公記』に勝家の名は出てこないものの『(甫庵）信長記』では戦いの記述のなかに勝家の名が見られるので、大きな活躍はなかったものの戦いに加わることによって徐々に信長の信頼を得ていったものと推測されます。

信長の上洛時以降の勝家も信盛と同様に信長が関わった戦いの大半に従軍し東奔西走の働きをしているので、それだけでも多大な貢献があったと認められます。それらの戦いのうち『信長公記』のなかで勝家が加わったことのわかる主なものを取り上げると、三好三人衆方の勝竜寺城攻め（永禄十一年）、北畠氏の大河内城攻め（永禄十二年）、六角氏との「落窪の合戦」（元亀元年）、第一次長島一向一揆攻め（元亀二年）、近江一向一揆の新村城攻め（元亀二年）、将軍足利義昭方の石山砦攻め（元亀四年）、六角氏の鯰江城、百済寺攻め（元亀四年）、将軍足利義昭の槙島城攻め（元亀四年）、朝倉氏の一乗谷館攻め（天正元年）、六角氏の鯰江城攻め（天正元年）、第二次長島一向一揆攻め（天正元年）、第三次長島一向一揆攻め（天正二年）、三好氏の高屋城攻め（天正三年）、越前一向一揆の鳥羽城攻め（天正三年）、加賀一向一揆攻め（天正八年）などがあげられます。特に勝竜寺城攻めの記述では「（勝家ら）四人の部将は協力して突撃し、敵の首五十余りを討ち取り、東福寺へ送って信長の実検に供した」（カッコ内は筆者補記）、第三次長島一向一揆攻めの記述では「松之木の渡しで一揆勢が応戦の陣を布いていたが、佐久間（および柴田）らはどっと川を押し渡り馬上から一揆勢を多数切り捨てた」（カッコ内は筆者補記）、加賀一向一揆攻めの記述では「柴田勝家は野の市の一揆勢を多数切り捨てて追い払い、兵糧を分捕って数百艙の舟に積み、そこから次々と各地を焼き払いつつ奥地へ進み越中との国境を越えた」と活躍の様子が具体的に記されていますし、「落窪の戦い」では『信長公記』には書かれていないものの『(甫庵）信長記』や『佐久間軍記』にはその功績により領を加増されたことが記されています。勝家の戦いぶりについては宣教師ルイス・フロイスが「信長の時代の日本でもっとも勇猛な武将であり果敢な人」（コラム６　宣教師ルイス・フロイスが見た三家臣の人物像・人物評価など　参照）と記すように、勝家は勇猛果敢な武将であったことが知られていますが、攻撃時において勇猛果敢であっただけでなく『(甫庵）信長記』や『武家事紀』の記述からは退却時においても殿《しんがり》を卒なく務めるすぐれた武将であったことがわかります。また、宣教師ルイス・フロイスの書簡によると、元亀四年（一五七三）に将軍義昭方の石山砦、今堅田城を陥落させたのち、信長は京都市内の放火を命じますが、このとき部隊で総司令官を務めたのが柴田勝家であったと記しています。（コラム６　宣教師ルイス・フロイスが見た三家臣の人物像・人物評価など　参照）さらに天正五年（一五七七）、上杉氏や加賀一向一揆を攻めるための加賀討伐戦の部隊でも柴田勝家が総大将を務めたことが『信長公記』に記されています。このように柴田勝家は個々の戦いにおいて活躍したのみならず、大きな部隊を率いる総大将もつとめていたことが認められます。

次に軍事面以外の働きですが、勝家が信長から越前八郡の領国を与えられて領国経営にどのように関わったかを見たいと思います。『福井県史』によると、信長から越前の支配を預けられた柴田勝家が取り組む課題としては、軍事力強化という恒常的な課題のほか、荒廃した国内状態の復興、国内の武士や寺社への知行分の安堵と宛行い、北庄城および城下町の建設がありましたが、これら諸政策のあいだの矛盾を調整し、全体として統一のある方針を徹底させる必要に迫られ公布した掟が天正四年（一五七六）三月の「国中江申出条々」でした。勝家が行った諸施策を具体的にみると、まず勝家は越前国内の体制を整備し強化するために領内の検地を行いました。なお、この検地については誰を名請人として確定するかということは問題とせず、なによりも「村高」を確定しそれを村に請け負わせることを意図したものであったようです。また『柴田勝家公始末記』によると、一揆を防ぐために国中より武器を取り上げ、これを鋳直して農具や九頭竜川の舟橋の鎖に用いる「刀さらえ」を実施しています。また足羽川に半石半木（橋の半分が石、半分が木でつくられる構造）の九十九橋《つくもばし》を架けて舟渡の運賃を軽減したり、新たに栃の木峠越えの脇往還を開くなど交通の便を図ったりもしています。さらに城下町の建設にあたっては一乗谷にいた商人や職人を呼び集めたり、一乗谷や近辺の寺社にも北庄に移住することを命じたりしました。このようにしてみると、勝家はどちらかといえば武辺一辺倒な武将であるというイメージが強いのですが、領国経営においても精力的に治政をこなしており、優れた行政手腕も兼ね備えた有能な武将であったようです。

丹羽家は代々尾張の守護であった斯波《しば》家に仕えていたと伝わるものの長秀自身は信長の小姓として仕えたようなので、国人、土豪クラスの有力者で独自に一定規模の兵力を動員する能力があり、信長に仕えた当初から重用された佐久間一族の信盛や柴田勝家よりも低い地位にありました。したがって信長の尾張統一過程においては重要な役割は与えられず、『信長公記』などの資料に記録されるような活躍もほとんど見出すことはできません。しかしながら信長の美濃進出過程に至ると、たとえ地位が低くても能力が高ければ登用する信長の実力主義、合理主義の考え方により長秀もようやく頭角を現わします。この時期の長秀の活躍が『信長公記』に書かれているものを見ると、犬山城攻めの記述では「長秀は二人の城主の手引きで犬山に攻め込んで城をはだか城にし、四方から鹿垣《ししがき》を二重三重に結い巡らして城を包囲した」、猿啄城《さるばみじょう》攻めの記述では「大ぼて山に長秀が先駆けで攻め上り、兵を上らせて城の給水源を占領したため、城はたちまち破綻《はたん》し城兵は降参して退去した」と記されています。また、この時期の長秀の攻略方法を見ると力攻めにより落城させるだけではなく、敵方を調略するなど硬軟とりまぜての攻め口が見られます。こうした活躍によって長秀は木下秀吉とともに次第に認められるようになり、信長家臣としての地位を上昇させ、有力武将の一人に数えられるようになりました。

信長の上洛時以降の長秀も信盛や勝家と同様に信長が関わった戦いの大半に従軍していたことは第二章で見た通りで、それだけでも多大な貢献があったと認められます。それらの戦いのうち『信長公記』のなかで長秀が加わったことのある主なものを取り上げると、六角氏の蓑作城攻め（永禄十一年）、北畠氏の大河内城攻め（永禄十二年）、近江一向一揆勢の新村城攻め（元亀二年）、将軍足利義昭方の今堅田城攻め（元亀四年）、六角氏の鯰江城、百済寺攻め（元亀四年）、将軍足利義昭の槙島城攻め（元亀四年）、第二次長島一向一揆攻め（天正元年）、第三次長島一向一揆攻め（天正二年）、三好氏の高屋城攻め（天正三年）、武田氏との「長篠の戦い」（天正三年）、越前一向一揆の鳥羽城攻め（天正三年）、紀伊の雑賀衆攻め（天正五年）、松永氏の信貴山城攻め（天正五年）、荒木氏の園部城攻め（天正六年）、別所氏方の神吉城攻め（天正六年）などがあげられます。特に第三次長島一向一揆攻めの記述では「一揆勢がこだみ崎の河口に舟を寄せ、堤防に上って守備していたのを丹羽長秀が攻めて追い崩し、多数を討ち取った」、神吉城攻めの記述では「滝川一益・丹羽長秀両軍の攻め口から東の丸に突入し、翌日には中の丸に攻め込み敵将を討ち取り天守に火をかけた」と活躍の様子が具体的に記されています。また、『信長公記』には書かれていませんが、包囲していた浅井方の佐和山城を元亀二年(一五七一)に開城させたとき、功を賞して佐和山五万石の地を賜ったことが『寛政重修諸家譜』に記されています。このように長秀も個々の戦いのなかでの活躍は多く見られますが、柴田勝家のように部隊の総大将になって軍を率いて戦ったりすることはなく、軍の一翼を担うにすぎなかったようです。

軍事面以外の長秀について谷口克広氏は、天正七年(一五七九)に信長が誠仁親王《さねひとしんのう》のため二条新御所を献上した際の奉行を務めたり、安土城普請の総奉行を務めたりしているなどの事例をあげ、「部将としての活躍では勝家・秀吉らに及ばない長秀も、政務の面では彼らよりずっと目立った仕事をしている」と評価しています。また、『(甫庵)信長記』によると、琵琶湖での航行に使用するための大船建造を任されたり、『信長公記』には書かれていませんが『武功夜話』には小牧山城築城の奉行にもあたったことが記されているなど、多方面にわたり貴重な存在であったことが伺えます。『翁草』にも長秀は「米五郎左」と表現され、何事も器用にこなすため織田家家臣にあって米のようになくてはならない存在であったようで、かつ宣教師ルイス・フロイスが述べているように「信長がもっとも寵愛した家臣の一人」（コラム6　宣教師ルイス・フロイスが見た三家臣の人物像・人物評価など　参照）でもあったようです。それは丹羽家と織田家が重縁にあり（長秀の妻は信長の養女、長秀長男の妻は信長の五女）、他の家臣には見られないことからもわかります。

こうした活躍もあって長秀は一時期宣教師ルイス・フロイスが「信長の最高の武将四人」（コラム6　宣教師ルイス・フロイスが見た三家臣の人物像・人物評価など　参照）と呼ぶ四人のうちの一人に数えられるほどの存在にもなり、天正元年（一五七三）には若狭の一国支配をまかされるまでに至りました。しかしながら、その後佐久間信盛が大坂方面軍の大将に、柴田勝家が北陸方面軍の大将に任命されたのに対し、丹羽長秀は四国方面軍の副将に留まりました。

このように長秀の出世が頭打ちになったことについて、谷口克広氏は「丹羽長秀という男は万余の兵を率いて戦えるような器ではなかったのではないかと思う」と述べています。信長は長秀が一万人を超える規模の軍団の大将としての能力に不安を感じ、むしろ大将をサポートする副将としての役割を与えることが適任であると考えたのかもしれません。

「桶狭間の戦い」直前頃の信長家臣団組織図（谷口克広『信長軍の司令官』より）

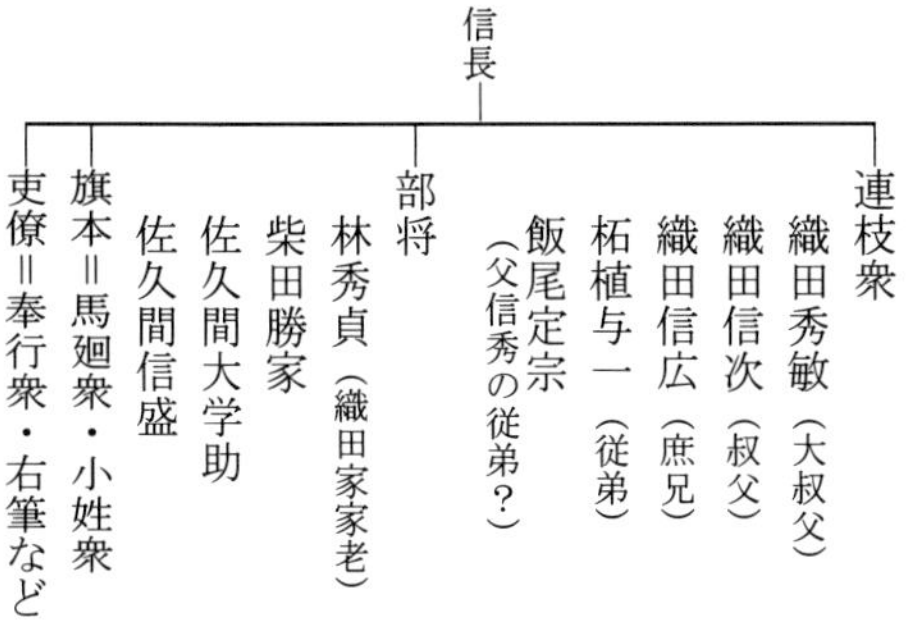

これまで三人の家臣の働きを見てきましたが、次に三人の家臣が信長からどのような評価を受け、織田家臣団のなかでどのような地位を得ていたかについて見たいと思います。

谷口克広氏によると、尾張時代の信長家臣団は織田一族の「連枝《れんし》衆」、一部隊を率いたり一城の守備を任されたりするほどの軍事力を持った大身《たいしん》の「部将」、総大将の本陣を固める比較的小身《しょうしん》の家臣を便宜上「旗本」と呼び、一般政務にたずさわる家臣を便宜上「吏僚《りりょう》」と呼ぶとし、これらを基本形態として編成されていたとしています。そして永禄三年（一五六〇）の「桶狭間の戦い」直前頃の信長家臣団の「部将」は林秀貞、柴田勝家、佐久間大学（盛重）、佐久間信盛の四名であったということです。ただこの四人の「部将」のうち、「稲生の戦い」で信長方に付き「桶狭間の戦い」では砦の守備まで任された佐久間信盛と佐久間大学は、「稲生の戦い」で信長に敵対し「桶狭間の戦い」では重要な役割を任されなかった柴田勝家や林秀貞よりも信頼され、より上位の地位にあったのかもしれません。なお、佐久間大学は「稲生の戦い」以降信長に最も信頼された家臣でしたが、「桶狭間の戦い」で戦死したため佐久間一族の惣領は信盛が代わって務めることになりました。また、林秀貞は高齢であったため次第に「家宰《かさい》（家長に代わって家政を取り仕切る職責）」としての権威だけを保っていたようですが、後に佐久間信盛が追放された頃、尾張時代に弟・信勝を担ごうとして敵対したことを理由に追放されています。それに対し、丹羽長秀は当初信長の小姓として仕えたと伝えられていますが、小姓は「旗本」に属すので「部将」の佐久間信盛や柴田勝家よりも低い地位にありました。

次に、宣教師ルイス・フロイスは永禄十二年（一五六九）に岐阜城で信長に面会したときの記事として「岐阜には柴田（勝家）殿という信長の最高の武将四人のうちの一人であり、信長の寵愛はなはだ篤く、かつ和田殿の大の友人である方がいました」（コラム6　宣教師ルイス・フロイスが見た三家臣の人物像・人物評価など　参照）と記していますが、ここに記載の「信長の最高の武将四人」とは佐久間信盛、柴田勝家、丹羽長秀、木下秀吉であると言われています。丹羽長秀は信長の美濃進出時に顕著な活躍をして木下秀吉とともに織田家家臣としての地位を上昇させたことはすでに見た通りで、「信長の最高の武将四人」の一人であるという見方はルイス・フロイス個人の認識であるとはいえ妥当な見方であると思われます。また宣教師ルイス・フロイスは、元亀四年（一五七三）に柴田勝家が今堅田城を攻めたときの記事では「信長の二人の主だった武将の一人である柴田殿」（コラム6　宣教師ルイス・フロイスが見た三家臣の人物像・人物評価など　参照）とも記しており、四人の武将のなかでも佐久間信盛と柴田勝家はトップ2の地位にあったことがわかります。

また第二章で見た通り、元亀元年（一五七〇）に信長は佐久間信盛を永原城、柴田勝家を長光寺城に配置しましたが、このとき併せて森可成《もりよしなり》が宇佐山城、中川重政が安土城に配置されました。しかし、その後森可成が戦死し、浅井方の守将磯野員昌《いそのかずまさ》が佐和山城を明け渡した元亀二年（一五七一）段階になると、近江の守備態勢は永原城に佐久間信盛、長光寺城に柴田勝家、佐和山城に丹羽長秀、横山城に木下秀吉、宇佐山城に明智光秀、安土城に中川重政、新庄城に磯野員昌のように再配置されました。この時点ではこの七名と永禄十年（一五六七）に北伊勢地方に派遣されこの地域の制圧に大きな力を発揮した滝川一益を含む八名が主要な家臣であったようです。

その後信長の版図が拡大すると、信長がすべての地域を直接指揮することが困難になったためそれぞれの方面に軍団を置き信頼できる武将に任せました。谷口克広氏はこうした一定の担当部署を持ち万単位の兵を抱えた大軍団を「方面軍」と定義し、そのトップにある者を「方面軍司令官」と呼んでいますが、「方面軍」はまず天正四年（一五七六）頃に佐久間信盛を司令官とする大坂方面軍と柴田勝家を司令官とする北陸方面軍が成立します。したがって、少なくともこの頃まで信盛と勝家はトップ２の地位であり続けたものと思われます。その後中国方面軍には羽柴秀吉、畿内方面軍には明智光秀、関東方面軍には滝川一益、四国方面軍には「連枝衆」の織田（神戸）信孝がそれぞれ司令官に任命されたので併せて六名が「方面軍司令官」になっていますが、「司令官は信長家臣団の武将たちの究極の地位であった」と述べています。したがって、先に見た近江分封を任された七名と北伊勢地方に配置された滝川一益を加えた八名のうち司令官に任命されなかったのは、後に改易・追放された中川重政、後に処罰を受け逐電した磯野員昌および丹羽長秀（四国方面軍の副将）の三人だけであったということになります。

信長は能力と勤勉さを発揮して成果をあげた家臣はたとえ低い地位にあった者でも積極的に登用する能力主義、合理主義を貫き、早い時期から「部将」の地位にあった佐久間信盛や柴田勝家とは異なり「旗本」という地位の丹羽長秀でも信長の美濃進出過程での活

近江の分布支配図（谷口克広『信長軍の司令官』より）

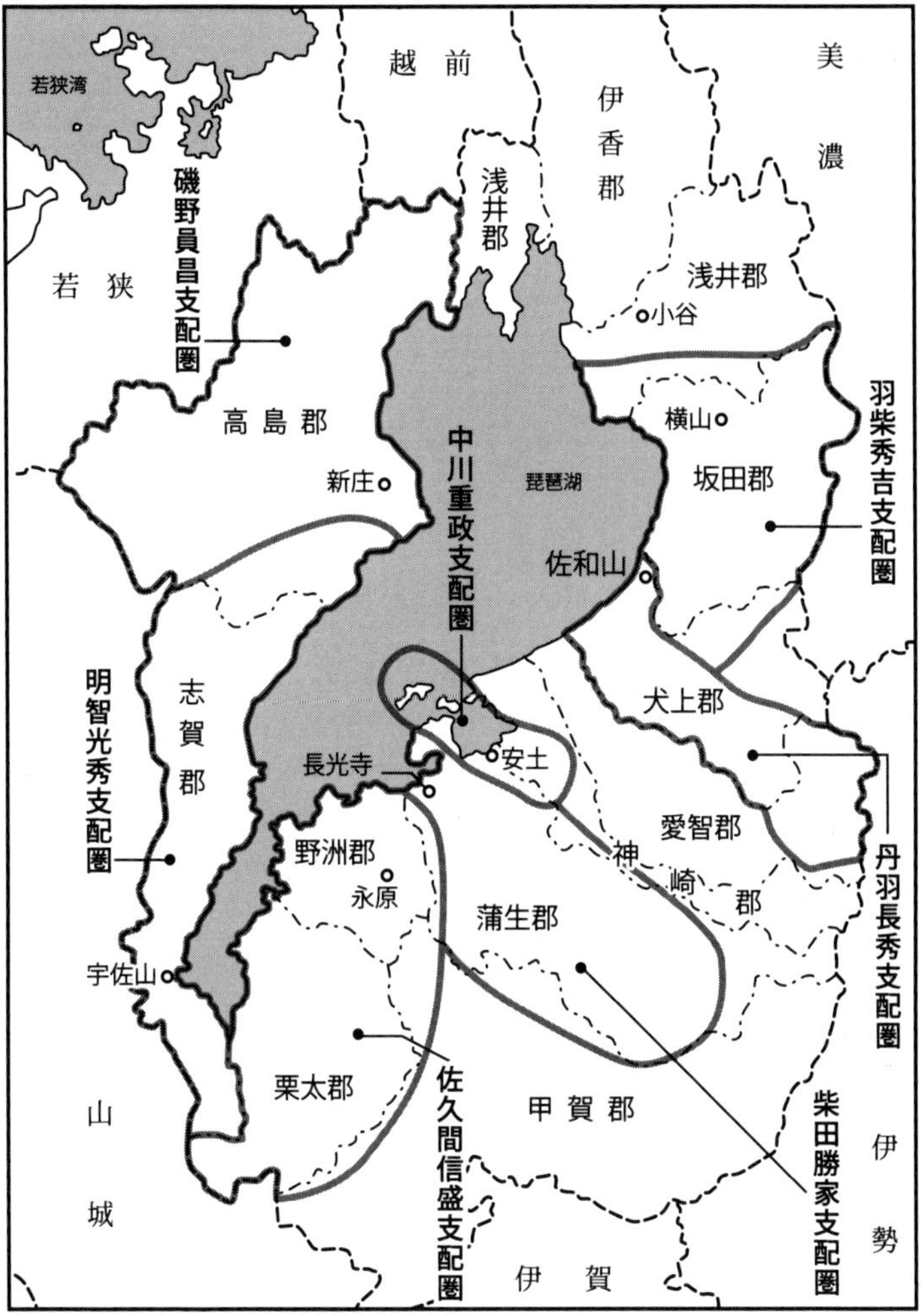

躍で織田家家臣のなかで高い地位を得るようになりました。信長の版図が拡大するようになると信頼できる部将のみが「方面軍司令官」を任されるようになりましたが、「方面軍司令官」は万余の軍兵を擁して統率することになるため高い能力と役割がもとめられ、かつては「信長の最高の部将四人」のうちの一人といわれ、信長家臣のなかで最も早く若狭の一国支配を任された丹羽長秀でさえ適任とは見なされず「方面軍司令官」には任命されませんでした。したがって、こうしたことからより高い地位に登用されるのも登用されないのも、あくまでも能力を基準にしたものであったことがわかります。「方面軍司令官」は並みいる家臣のなかでもわずか六名（「連枝衆」の織田信孝を除くと五名）だけが任されたという究極の地位で、佐久間信盛や柴田勝家はその「方面軍司令官」に任命されているので高い能力を有した武将であったことは間違いありません。しかしながら、早い時期から信長を終始一貫支援して尾張統一までの時期にあっては功績第一の家臣といわれ、その後も柴田勝家とともにトップ２の地位であり続け「方面軍司令官」にもなった佐久間信盛でさえ「大坂本願寺との戦い」での怠慢を指摘され追放されてしまいます。桐野作人氏は「信長は家臣たちの怯懦《きょうだ》や怠慢、不正義や自己保身をいちばん嫌った。そして、それらの行為や言動に対しては、苛烈な処断もいとわなかった。たとえ古参の重臣である佐久間信盛さえも例外ではなかったのである」と記しており、そこにも過去の功績や地位などにとらわれることのない信長の合理主義が貫かれていたようですが、一方信盛には過去の功績や地位などから慢心が生じていたのかもしれません。

◇参考・引用文献

太田牛一著、桑田忠親校注『信長公記』（新人物往来社）
中川太古訳『現代語訳信長公記』（新人物文庫）
榊山潤訳『現代語訳信長公記』（ちくま学芸文庫）
小瀬甫庵『信長記　上下』（現代思潮新社）
加来耕三訳『現代語訳武功夜話　信長編』（新人物往来社）
『新訂　寛政重修諸家譜　第十一』（続群書類従完成会）
『佐久間軍記』続群書類従第20輯下（続群書類従完成会）
松田毅一・川崎桃太訳『フロイス日本史4』『フロイス日本史5』（中央公論社）
松田毅一監訳『十六、七世紀イエズス会日本報告集　第Ⅲ期第4巻』（同朋舎出版）
松田毅一監訳『十六、七世紀イエズス会日本報告集　第Ⅲ期第6巻』（同朋舎出版）
岡谷繁美『名将言行録』（岩波文庫）
福井県『福井県史　通史編3　近世一』
福井市立郷土歴史博物館『研究紀要』第10号所収足立尚計「校訂『柴田勝家公始末記』」
谷口克広『織田信長家臣人名辞典』（吉川弘文館）

谷口克広『信長軍の司令官』（中公新書）
菊地浩之『織田家臣団の謎』（角川選書）
和田裕弘『織田信長の家臣団』（中公新書）
楠戸義昭『戦国　佐久間一族』（新人物往来社）
桐野作人『織田信長』（新人物文庫）
小野之裕『柴田勝家と支えた武将たち』（ゆいぽおと）

【コラム5】宣教師ルイス・フロイスが見た信長と信盛の一場面

彼（佐久間殿）は異教徒ではあったが、本性善良で高潔な人物であったので、あらゆる手段を尽して彼ら（三箇父子）を救出する覚悟でいた。だがいとも明確な信長の命令に反し、書状をもって異議を唱えることは、安全でも適切なことでもなかったので、彼は自身を賭して、同所からマンショを連れて都に赴き、信長の面前において本件につき報告することを決心した。信長は、彼がこのようなわけで来たと聞き、佐久間殿が信長の政権下で何びとにも見られぬ尊敬と信望を受けていたにもかかわらず、彼が来たことに大いに不興の意を示し、彼に大いなる怒りと厳しい表情を見せた。そしてその怒りはいっそう高まり、佐久間殿に向かい、「不束者《ふつつかもの》めが、貴様は予がこの若者を殺すように命じたるに、何ゆえに伴い来たか」と言った。佐久間殿は、「殿が命ぜられたことを彼の身に実行するために捕え連れ参りました」と答えた。そこで信長は、「さればただちに彼を殺すことに着手せよ」と言った。佐久間殿は大いなる不安と恐怖がないわけではなかったが、ふたたび発言し、「殿が命じ給うように執り行われるでありましょうが、殿はまず、彼とこの叛逆に係わり合った数名の他の者についても同様処罰するために、詳しく取り調べ給うべきだと存じます」と述べた。彼の意図は、その若者が幾つかの己れの身の証しを立てる良い証言を開陳し得ようというところにあった。
佐久間殿の忠言は信長には当然のことだと思われたので、彼はただちに二人の武士に詰問するように命令した。

（カッコ内は筆者補記）

※松田毅一・川崎桃太訳「フロイス日本史5」（中央公論社）より

◆この場面に至る経緯について
信盛に付けられた与力にキリシタンの三箇《さんか》頼照・頼連（洗礼名マンショ）父子がいましたが、同じ与力の多羅尾《たらお》常陸介《ひたちのすけ》はキリシタン嫌いであったので、三箇氏が毛利氏と同盟したと訴え、この噂を広めさせました。信長はこれを信じて頼連を斬るように信盛に命じたのですが、信盛は日頃の忠実な働きぶりを評価していました。そこでこの讒訴《ざんそ》に疑念を抱きましたが信長の厳命に背くわけにはいかないため、頼連を伴い上京し信長に面会して釈明の機会を与えようとしました。

【コラム6】宣教師ルイス・フロイスが見た三家臣の人物像・人物評価など

（1）佐久間信盛に関する記述

① 佐久間（信盛）殿は（信長の）総司令官であり、彼が政庁において有するもっとも高位で富み、かつ強力な殿であった。ところで彼はその性格から戦においてあまり活躍せぬばかりか、むしろいくぶん怠慢でもあったので、（信長は）彼が身分（の高いこと）やその親族（が有力であること）を顧慮せず、また彼が将来いつかは必要とする（人物である）ことを考えることなく、彼をその息子（正勝＝信栄）とともに追放してしまい、（信盛は）流謫中に死去するに至った。

※松田毅一・川崎桃太訳「フロイス日本史4」（中央公論社）より

② 信長の総司令官佐久間殿

③ 信長の第一級の武将であり、（信長）麾下の主将である佐久間（信盛）殿

④ 彼（信長）の軍勢の主将であり、その政権を担当する主要な人物である佐久間殿

⑤　彼（信盛）は異教徒ではあったが、本性善良で高潔な人物であった

（④⑤カッコ内は筆者補記）

⑥　佐久間殿が信長の政権下で何びとにも見られぬ尊敬と信望を受けていた

※以上②〜⑥は　松田毅一・川崎桃太訳「フロイス日本史５」（中央公論社）より

（２）柴田勝家に関する記述

①　岐阜には柴田（勝家）殿という信長の最高の武将四人のうちの一人であり、信長の寵愛はなはだ篤く、かつ和田殿の大の友人である方がいました

（註）永禄十二年（一五六九）宣教師ルイス・フロイスが岐阜城で信長に面会したときの記事。信長の最高の武将四人とは、佐久間信盛、柴田勝家、丹羽長秀、木下秀吉を指すものと思われます。和田殿とは和田惟政のこと。

※松田毅一・川崎桃太訳「フロイス日本史４」（中央公論社）より

②　信長の政庁のもっとも重立った武将の一人、柴田修理亮殿

※松田毅一・川崎桃太訳「フロイス日本史5」（中央公論社）より

③　信長の二人の重立った武将の一人である柴田殿

（一五七三年四月二十日付書簡）

（註）元亀四年（一五七三）信長軍が今堅田城を攻めた時の記事。信長の二人の重立った二人の武将とは、佐久間信盛、柴田勝家を指すと見られます。

④　柴田殿が戦場での総司令官になった　総司令官の柴田殿

（一五七三年五月二十七日付書簡）

（註）元亀四年（一五七三）信長軍が京都市内焼き払いをした時の記事。

※以上③④は、松田毅一監訳「イエズス会日本報告集第Ⅲ期第4巻」（同朋社出版）より

⑤　彼（勝家）はすでに六十歳になるが、はなはだ勇猛な武将であり、また一生を軍事に費やした人である

（カッコ内は筆者補記）

（一五八四年一月二十日付書簡）

⑥信長の時代の日本でもっとも勇猛な武将であり果敢な人

（一五八四年一月二十日付書簡）

※以上⑤⑥は、松田毅一監訳「イエズス会日本報告集第Ⅲ期第６巻」（同朋出版社版）より

（3）丹羽長秀に関する記述

①いとも裕福で信長がもっとも寵愛した家臣の一人、丹羽五郎左衛門

（一五八四年一月二十日付書簡）

※松田毅一監訳「イエズス会日本報告集第Ⅲ期第６巻」（同朋社出版）より

おわりに

佐久間信盛、柴田勝家、丹羽長秀は織田信長の家臣を代表する人たちで、三人ともに尾張出身、しかも現在の行政区分でいえば名古屋市出身という共通点が見られます。本書では三人の古参の信長家臣にスポットライトを当て、主君織田信長の下でどのような働きをしたか、それに対して三人は信長によってどのような評価を受け、どのような地位を得たかについて見てきました。

織田信長が天下統一を果たした要因として、その卓越した能力ばかりが強調されることが多いのですが、決して信長一人だけでこの偉業が成し遂げられたわけではなく、本書でとりあげた三人を含む多くの家臣の支える力があったことは言うまでもありません。信長の家臣たちは主君の期待に応えるべくそれぞれの能力を活かして役割を果たしましたが、激しい気性の主君のもとでは絶えず緊張を強いられていたことは容易に想像できます。また信長の版図が拡大するにつれ、その求められる役割や能力も変化し続けたため、そうした変化に対応することも容易であったとは思われません。そうしたなかで本書においてとりあげた三人の家臣は、木下秀吉（のちの羽柴秀吉）とともに宣教師ルイス・フロイスが「信長の最高の武将四人」と述べているように信長家臣のなかでとりわけ重要な存在であったことは間違いありません。しかしながら、近年の戦国時代ブームで戦国武将に対する関心が高まりを見せても、主君の信長を謀反により死に追いやった明智光秀や信長の死後に後を引き継いで天下統一を果たした羽柴秀吉らと比較すると、残念ながら三人の家臣はあまり取り上げられることもなく、多くの人に知られる存在ではないように見うけられます。そこで、この本を通して織田信長家臣のなかで重要な役割を果たした三人がもう一度見直され、広く知れ渡る存在になるきっかけになればと願っています。

最後になりましたが、この本の出版をこころよく引き受けていただき、数多くの助言をいただいた出版社「ゆいぽおと」の山本直子さんに深く感謝したいと思います。

小野之裕（おの　ゆきひろ）
一九五五年、名古屋市生まれ。和歌山大学経済学部卒。日本たばこ産業株式会社に二十七年間勤務。
退職後、現在も名古屋市内に在住。日本古代史、戦国時代史に特に関心あり。
著書に『柴田勝家と支えた武将たち』（ゆいぽおと）。

装画・装丁　金清美（アトリエ・ハル）

織田信長の家臣　佐久間信盛、柴田勝家、丹羽長秀
２０２０年１月12日　初版第１刷　発行

著　者　小野之裕
発行者　ゆいぽおと
〒４６１‐０００１
名古屋市東区泉一丁目15‐23
電話　０５２（９５５）８０４６
ファクシミリ　０５２（９５５）８０４７
http://www.yuiport.co.jp/
発行所　ＫＴＣ中央出版
〒１１１‐００５１
東京都台東区蔵前二丁目14‐14
印刷・製本　モリモト印刷株式会社

内容に関するお問い合わせ、ご注文などは、すべて右記ゆいぽおとまでお願いします。
乱丁、落丁本はお取り替えいたします。

ISBN978-4-87758-483-2 C0021